HERBERT QUANDT-STIFTUNG

Lernen im Trialog
Heft 1

Gotteshäuser

Entdecken – Deuten – Gestalten

Sekundarstufen I und II

Herausgegeben von:
Prof. Dr. Clauß Peter Sajak

Erarbeitet von:
Dorothee Herborn
Prof. Dr. Clauß Peter Sajak
Niels-Holger Schneider
Dr. Bernadette Schwarz-Boenneke

Mit Beiträgen von:
Prof. Dr. Hartmut Rupp
Dr. Ali Özgür Özdil
Esther Kontarsky
Prof. Dr. Bärbel Beinhauer-Köhler

Ein Projekt der Herbert Quandt-Stiftung

Schöningh
westermann

Bildquellenverzeichnis

Umschlag vorne l.: © picture-alliance/ZB – Umschlag vorne M.: © picture-alliance/chromorange – Umschlag vorne r.: © picture-alliance/Ellen Rooney/Robert Harding – S. 64 (alle), S. 67 (alle), S. 69 (alle): Dorothee Herborn/Verlagsarchiv Schöningh – S. 73, S. 84, S. 85, S. 86, S. 87: Reinhild Kassing/Verlagsarchiv Schöningh – S. 75 l. und r.: © Marie Docher/Photoalto – S. 75 M.: © Paul Burns/Cultura RM/Avenue Images – S. 76 o. l.: ALIMDI.NET/Fabian von Poser – S. 76 o. M.: © Werner Otto – S. 76 o. r.: © Xinhua – S. 76 u. l.: © viewchina/sinopictures – S. 76 u. M und u.r.: © Deloche/Godong/LEEMAGE

Sollte trotz aller Bemühungen um korrekte Urheberangaben ein Irrtum unterlaufen sein, bitten wir darum, sich mit dem Verlag in Verbindung zu setzen, damit wir eventuell erforderliche Korrekturen vornehmen können.

westermann *GRUPPE*

www.schoeningh-schulbuch.de
Schöningh Verlag, Jühenplatz 1–3, 33098 Paderborn

Druck A^2 / Jahr 2017
Alle Drucke der Serie A sind im Unterricht parallel verwendbar.

Umschlaggestaltung: Nora Krull
Druck und Bindung: westermann druck GmbH, Braunschweig

ISBN 978-3-14-**053650**-9

Inhaltsverzeichnis

Zum „Trialog der Kulturen"-Schulenwettbewerb 4

Zur Heftreihe „Lernen im Trialog" 6

I. Informationen für das trialogische Lernen 9

Unser Thema: Gotteshäuser. Entdecken – Deuten – Gestalten 9

Zum Aufbau und zur Arbeit mit diesem Themenheft 11

Trialogische Perspektiven: Gotteshäuser entdecken, deuten und gestalten 13

1. Kirchenpädagogik im Christentum 13
2. Moscheepädagogik im Islam 20
3. Synagogenpädagogik im Judentum 26
4. Schulen als interreligiöse Räume – interreligiöse Räume in Schulen 32

II. Praxisbeispiele für die interreligiöse Projektarbeit 37

Standards und Kompetenzen für das trialogische Lernen 37

Zum Thema: Gotteshäuser. Entdecken – Deuten – Gestalten 39

Baustein 1: Heilige Räume entdecken: Kinderkirchenführer 39

Baustein 2: Heilige Räume im Gespräch deuten: Erzählcafé 50

Baustein 3: Heilige Räume gestalten: Lebensräume – Lebensträume 60

Material:

M1: Erkundungsbogen zur bewussten Wahrnehmung und Entdeckung von Synagoge, Kirche und Moschee 70

M2: Lernstation: Warum beten Menschen? 72

M3: Leitfragen zur Gestaltung eines Lerntagebuchs im Rahmen des Projektes „Erzählcafé" 82

M4: Leitfragen zur Gestaltung von biografischen Interviews mit Zeuginnen und Zeugen aus Judentum, Christentum und Islam 83

M5: Trialogisches Fenster 84

M6: Grundriss: Synagoge 85

M7: Grundriss: Kirche 86

M8: Grundriss: Moschee 87

III. Glossar der wichtigsten Begriffe für den Trialog der Religionen 88

IV. Empfohlene Literatur für das Lernen im Trialog 94

Zum „Trialog der Kulturen"-Schulenwettbewerb

Bernadette Schwarz-Boenneke

Ein Blick auf die Straße genügt um festzustellen: Wir leben in einer kulturell vielfältigen Gesellschaft. Menschen aus verschiedenen Regionen der Welt sind nach Deutschland gekommen und haben hier ein neues Zuhause gefunden. Mitgebracht haben sie ihre kulturellen Prägungen und ihren gelebten Glauben, die auch das Leben ihrer Kinder bestimmen. Die Jugendlichen beeinflussen aber auch die Gewohnheiten der Klassenkameraden und Freunde und es ist ihre besondere Aufgabe, ihren eigenen Hintergrund wahrzunehmen, mit Anderen ins Gespräch zu kommen und ihre Persönlichkeit zu entfalten.

Was auf individueller Ebene gilt, steht auch für unsere Gesellschaft auf der Agenda: Es wächst das Bewusstsein für die unterschiedlichen kulturellen Prägungen und für öffentlich gelebten und bezeugten Glauben. In Debatten um einen islamischen Religionsunterricht oder einen Religionsunterricht für alle, um die Beschneidung von Jungen im Säuglingsalter, Moscheebauvorhaben in Stadtzentren oder Gebetsräumen in Schulen stellen wir uns als Gesellschaft der Frage, wie wir in einer kulturell und religiös vielfältigen Gesellschaft leben wollen. Die Herbert Quandt-Stiftung widmet sich seit Mitte der neunziger Jahre der Frage und dem Gespräch.

Um derartige Diskussionen als Einzelner und als Gesellschaft konstruktiv führen zu können, bedarf es vor allem zweierlei: Begegnung und Wissen. Denn nur, wenn Menschen verschiedener Kulturen und Religionen miteinander ins Gespräch kommen, Vertrauen zueinander fassen und um die unterschiedlichen Glaubensinhalte, Einstellungen und Praktiken wissen, können sie gemeinsam zukunftsfähige Lösungen entwickeln.

Gerade die Schule ist ein Ort, an dem junge Menschen verschiedener kultureller Prägung und religiöser Bekenntnisse tagtäglich miteinander lernen und leben – eine gute Voraussetzung, interkulturelle und interreligiöse Kompetenzen auszubauen. Wie aber kann man interkulturelles und interreligiöses Lernen spannend ins Klassenzimmer bringen? Wie lassen sich Schülerinnen und Schüler unterschiedlicher Schulformen und Altersstufen ansprechen und für andere Kulturen und Religionen interessieren?

Die Reihe „Lernen im Trialog" bietet Ihnen Ideen für kreative und schülergerechte Projekte und Unterrichtseinheiten zu den drei abrahamischen Religionen Judentum, Christentum und Islam. Das vorliegende Heft „Gotteshäuser. Entdecken – Deuten – Gestalten" widmet sich den sakralen Gebäuden dieser Religionen. Externe Lernorte wie Synagogen, Kirchen und Moscheen geben Jugendlichen eine gute Möglichkeit, sich den Religionen erlebnisorientiert und wissensbasiert zu nähern. Damit Sie die Sakralbauten erfolgreich im Unterricht behandeln können, gibt das vorliegende Heft zunächst religionspädagogische Einführungen. Im Anschluss zeigen Beispiele, wie Schülerinnen und Schüler zu kompetenten Führern durch die Gotteshäuser werden, wie Menschen in einem Erzählcafé über heilige Räume ins Gespräch kommen oder wie an der Schule ein Raum der Stille und des Gebetes entsteht, in dem die religiösen Unterschiede geachtet werden.

Alle hier vorgestellten Projektideen sind praxiserprobt. Schulen unterschiedlicher Schulformen und Jahrgangsstufen haben sie im Rahmen des „Trialog der Kulturen"-Schulenwettbewerbs[1] der Herbert Quandt-Stiftung, Bad Homburg, entwickelt. Seit 2005 haben über 130 Schulen in Berlin, Hessen, Saarland, Rheinland-Pfalz, Hamburg und Bremen an dem interkulturellen und projektorientierten Wettbewerb teilgenommen. Die Herbert Quandt-Stiftung lädt die Schulen ein, sich ein Jahr lang mit Gemeinsamkeiten und Unterschieden zwischen Judentum, Christentum und Islam zu beschäftigen. Sie entwerfen dazu Unterrichtseinheiten, Projekttage oder Schulcurricula und realisieren diese im Schulalltag. Die Projekte arbeiten kompetenzorientiert. Sie verbinden die drei Religionen miteinander und finden über den Religionsunterricht hinausgehende fächerverbindende Anknüpfungspunkte beispielsweise im Kunst-, Geschichts- oder Sprachenunterricht. Darüber wird über den Religionsunterricht hinaus die Bedeutung eines gelebten Glaubens im Alltag deutlich. Sie öffnen die Schule in den Stadtteil hinein und für außerschulische Lernorte. Aus dem kreativen und reichen Fundus erfolgreicher Wettbewerbsbeiträge schöpft nun die Heftreihe „Lernen im Trialog".

Diese Reihe schließt an eine bereits geleistete Auswertung der Arbeit in den Trialog-Schulen an: Clauß Peter Sajak hat im Auftrag der Herbert Quandt-Stiftung aus der pädagogischen Arbeit in den Schulen interkulturelle und interreligiöse Bildungsstandards erhoben.[2] Die dabei definierten Kompetenzen sollen verstärkt auf die Agenda von Bildungspolitik und Schulpraxis gesetzt werden. Noch mehr aber können sie Lehrerinnen und Lehrern als Orientierungspunkt und Richtschnur dienen, welche Fähigkeiten ihre Schülerinnen und Schüler im Prozess des interkulturellen und interreligiösen Arbeitens erwerben sollten und welche sie tatsächlich erwerben.

Ein weiterer, aus der schulischen Praxis erwachsener, Beitrag der Herbert Quandt-Stiftung ist das deutschlandweit erste Kinderfunkkolleg des Hessischen Rundfunks.[3] In zehnminütigen Sendungen erklären Kinder zwischen sieben und dreizehn Jahren Gleichaltrigen, warum sie fasten, wieso sie glauben, wie sie beten und was es in einer Synagoge, Kirche oder Moschee zu entdecken gibt. Die Podcasts sowie begleitende Arbeitsmaterialien werden vielseitig im Unterricht eingesetzt.

Interkulturelles und interreligiöses Lernen geschieht in vielen Schulen schon selbstverständlich. Dieses Lernen befähigt dazu, den je eigenen kulturellen und religiösen Hintergrund besser wahrzunehmen, Religion und Kultur des Mitmenschen kennenzulernen, aufmerksam für die Gemeinsamkeiten und die Unterschiede zu werden und gemeinsam das Zusammenleben in der Schule, im Privaten und in unserer Gesellschaft respektvoll zu gestalten. Mit diesem Heft sichern und verbreiten wir die Arbeit der „Trialog-Schulen". Vor allem aber bieten wir Ihnen aus der Schule vielfältige Anregungen für Ihre eigene pädagogische Arbeit.

Wir hoffen, Sie und Ihre Schülerinnen und Schüler mit diesem Heft neugierig auf die verschiedenen Religionen und Kulturen zu machen!

---

1 Weitere Informationen zum Wettbewerb und die aktuelle Ausschreibung finden Sie unter www.trialog-schulenwettbewerb.de.

2 Siehe S. 7f.

3 Die Podcasts, Arbeitsmaterialien und medienpädagogische Anregungen finden Sie unter www.kinderfunkkolleg-trialog.de.

Zur Heftreihe „Lernen im Trialog"

Claußß Peter Sajak

Wettbewerb „Schulen im Trialog"

Interreligiöse und interkulturelle Kompetenz zeigt sich nicht nur als Sachwissen über den Glauben, die Religion und die Kultur von anderen Menschen, sondern als Handlungsfähigkeit in der konkreten Situation der Begegnung mit Zeuginnen, Zeugen und Zeugnissen anderer Kulturen und Religionen. Der „Trialog der Kulturen"-Schulenwettbewerb der Herbert Quandt-Stiftung hat sich zum Ziel gesetzt, Schülerinnen und Schüler zu befähigen, in angemessener Weise mit dem Glauben, der Religion und der Kultur anderer Schülerinnen und Schüler, aber auch aller anderen Menschen in unserer Gesellschaft kompetent umzugehen. In der mit diesem Themenheft beginnenden Publikationsreihe werden besonders gelungene Projekte aus dem Bereich des trialogischen Lernens vorgestellt und zur Nachahmung empfohlen. Nachdem die Herbert Quandt-Stiftung vor zwei Jahren die ersten fünf Wettbewerbsrunden in der Publikation „Trialogisch lernen" dokumentiert hat, will sie diesmal gelungene Wettbewerbsbeiträge im Rahmen von Unterrichtshilfen für die konkrete Arbeit in der schulischen Praxis empfehlen und öffentlich zugänglich machen. Dabei war ausschlaggebend, an welchen Themen und Phänomenen religiösen Lebens sich in der Regel Gespräche, Auseinandersetzungen und Lernprozesse im Bereich interreligiöser Bildung entzünden und entwickeln.

Entsprechend wurden vier Themenhefte konzipiert: Das vorliegende erste Heft widmet sich den religiösen Gebäuden der abrahamischen Religionen – Stichwort: Sakralbauten. Die weiteren Hefte werden sich mit den Regeln und Praktiken mit Blick auf Ernährung und Ernährungsverzicht – Stichwort: Fasten und Feiern –, den Offenbarungsurkunden und ihrer Pflege in den Religionsgemeinschaften – Stichwort: Offenbarung und heilige Schriften – sowie dem Menschen und seinem Umgang mit den Ressourcen der Welt – Stichwort: Mensch und Schöpfung – beschäftigen. Damit sind nicht alle religionswissenschaftlich relevanten Themen von Religionssystemen angesprochen, wohl aber die wichtigsten, die für Schülerinnen und Schüler heute in ihrer konkreten Auseinandersetzung mit Glaube, Religion und Kultur bedeutsam sind.

Prozess des Austauschs und des Verstehens

Studien aus dem Bereich des interreligiösen und interkulturellen Lernens zeigen, dass angemessene Begegnung zwischen den Schülerinnen und Schülern verschiedener Religionen und Kulturen nur möglich ist, wenn das kulturell oder religiös Trennende nicht aufgehoben oder aufgelöst wird, sondern als Unterscheidendes stehen bleibt. Nur so kann das Fremde zur Identitätsentwicklung der Schülerinnen und Schüler beitragen. Folglich gilt es, einen Prozess des Austauschs und des Verstehens zu initiieren, der das Neue, Andere und oft auch Fremde stehen lässt, es aber durch Lernprozesse zu erschließen versucht. Ziel allen interreligiösen und interkulturellen Lernens muss es entsprechend sein, fremde Religionen in ihrer Andersartigkeit zu akzeptieren, anzuerkennen und in der Begegnung mit diesen durch Auseinandersetzung und Austausch zu einem besseren Verständnis zu gelangen. Dieses neue Verständnis verändert dann ebenfalls den Standpunkt und die Perspektive der Schülerinnen und Schüler. Es verändert ihre Identität in dem Sinne, dass sie in einem erweiterten Horizont

ihre Unsicherheiten, Ängste und Aggressionen ablegen und zu einem abgeklärten und reflektierten Standpunkt in Sachen Religion gelangen.
Im Rahmen des „Trialog der Kulturen"-Schulenwettbewerbs haben Schülerinnen und Schüler in beeindruckender Weise gezeigt, wie sich interreligiöse und interkulturelle Kompetenzen entdecken, demonstrieren und weiterentwickeln lassen.

Interreligiöse und interkulturelle Kompetenzen

In der wissenschaftlichen Nachbereitung der Wettbewerbsbeiträge haben wir deshalb versucht, diese Kompetenzen zu sichten und zu kategorisieren[1]: Was genau haben die Schülerinnen und Schüler in den verschiedenen Projekten der Wettbewerbsschulen gelernt und was haben sie an Kompetenz, also an Fähigkeiten zur Problemlösung, im Bereich der abrahamischen[2] Religionen und der mit ihnen verbundenen Kultursysteme hinzugewonnen? Die im weiteren Verlauf des Heftes vorgestellten katholischen, evangelischen, jüdischen und muslimischen Standards religiöser Bildung wurden aus Theoriemodellen der entsprechenden Religionspädagogik abgeleitet und verpflichtend eingeführt. Im Gegensatz dazu lassen sich aus den „Trialog der Kulturen"-Schulen Standards interreligiöser und interkultureller Bildung[3] erheben, die in der schulischen Praxis von Schülerinnen und Schülern auch tatsächlich erreicht und erfüllt worden sind. Wir sind also den umgekehrten Weg gegangen: Die im Folgenden ausgeführten Standards für das trialogische Lernen sind formale Beschreibungen von Kompetenzen, die Schülerinnen und Schüler der Wettbewerbsschulen konkret und in einer für die Jury der Herbert Quandt-Stiftung erkennbaren und überprüfbaren Weise gezeigt und ausgewiesen haben.

---

[1] Clauß Peter Sajak (Hg.): Trialogisch lernen. Bausteine für die interkulturelle und interreligiöse Projektarbeit, Seelze 2010.

[2] In der Diskussion um die genaue Definition des Begriff „abrahamisch/abrahamitisch/abrahamistisch" folgen wir auch in dieser Publikation Küng/Kuschel. Vgl. Hans Küng: Projekt Weltethos, München 1990 und Karl-Josef Kuschel: Streit um Abraham. Was Juden, Christen und Muslime trennt – und was sie eint, Düsseldorf 2011.

[3] Zur Begrifflichkeit: Interkulturelles wie interreligiöses Lernen sind nicht identisch, sie zielen aber beide auf eine angstfreie, wertschätzende und reflektierte Auseinandersetzung mit dem Fremden, in der die eigene Identität gestärkt und ein wirklicher Dialog mit dem anderen möglich wird. In diesem Lernzielhorizont richtet das interreligiöse Lernen seinen Fokus auf das Feld der Religion (Jürgen Baumert: Modus der konstitutiven Rationalität), während das interkulturelle Lernen seinen Blick auf das Feld der Kultur mit all seinen Phänomenen richtet (Jürgen Baumert: Modus der ästhetisch-expressiven Rationalität). In diesem Sinne verschränken sich interreligiöses und interkulturelles Lernen, ohne dass das eine dem anderen unter- oder überzuordnen wäre (vgl. Clauß Peter Sajak: Kippa, Kelch, Koran. Interreligiöses Lernen mit Zeugnissen der Weltreligionen. Ein Praxisbuch, München 2010, 17–19).

Standards für das Trialogische Lernen

Kompetenzbereich 1: Die Relevanz erkennen

Kompetenz 1.1: Schülerinnen und Schüler stellen die Bedeutung der drei abrahamischen Religionen für die europäische Kulturgeschichte dar.
Kompetenz 1.2: Schülerinnen und Schüler nehmen Zeichen, Zeugnisse und Zeugen der abrahamischen Religionen und Traditionen bewusst wahr.

Kompetenzbereich 2: Den Dialog fördern

Kompetenz 2.1: Schülerinnen und Schüler zeigen die Bedeutung von Religion als grundlegendes kulturelles, gesellschaftliches Phänomen auf.
Kompetenz 2.2: Schülerinnen und Schüler nehmen konstruktiv am Dialog teil und leisten einen Beitrag zur zwischenmenschlichen Verständigung.

Kompetenzbereich 3: Den Anderen anerkennen

Kompetenz 3.1: Schülerinnen und Schüler setzen sich mit Konfessionen, Religionen und Weltanschauungen anderer Kinder und Jugendlicher auseinander.
Kompetenz 3.2: Schülerinnen und Schüler begegnen Menschen anderer kultureller und religiöser Kontexte mit Respekt, Interesse und Wertschätzung.

Kompetenzbereich 4: Die eigene Identität weiterentwickeln

Kompetenz 4.1: Schülerinnen und Schüler setzen sich mit ihrem eigenen Glauben und ihrer eigenen Weltanschauung auseinander.
Kompetenz 4.2: Schülerinnen und Schüler nehmen einen begründeten Standpunkt in ihrer eigenen Konfession, Religion oder Weltanschauung ein.

Kompetenzbereich 5: Über die Schule hinauswirken

Kompetenz 5.1: Schülerinnen und Schüler eröffnen Perspektiven des abrahamischen Trialogs für Schulprofil und -gemeinschaft.
Kompetenz 5.2: Schülerinnen und Schüler entwickeln Formen der Verständigung und der Zusammenarbeit mit außerschulischen Institutionen und ihrem lokalen Umfeld.

Alle Wettbewerbsbeiträge, die in dieser Publikationsreihe vorgestellt werden, haben sich als in besonderer Weise geeignet gezeigt, Schülerinnen und Schüler beim Erwerb dieser Kompetenzen zu unterstützen.

Informationen für das trialogische Lernen

I

Unser Thema: Gotteshäuser. Entdecken – Deuten – Gestalten

Clauß Peter Sajak

Heilige Orte: Synagoge, Kirche und Moschee

Das vorliegende Heft trägt den Titel „Gotteshäuser. Entdecken – Deuten – Gestalten" und widmet sich der angeleiteten Erkundung, Begegnung, Beurteilung und Gestaltung von sakralen Räumen, in denen Menschen der drei abrahamischen Religionen, also Juden, Christen und Muslime, in der je eigenen Weise die Verehrung Gottes in seiner Gegenwart pflegen. Ein Ort, an dem Gott als anwesend verehrt wird, ist in doppelter Bedeutung ein herausragender und markanter Raum in unserer Wirklichkeit. Zum einen vertreten alle Religionen den Anspruch, dass in einem Gotteshaus, sei es die Synagoge, die Kirche oder die Moschee, Gott selbst gegenwärtig ist und deshalb hier von den Menschen in einer besonderen, intensiven Weise verehrt und angebetet werden kann. Zum anderen markieren Gotteshäuser nach außen, also in die Gesellschaft hinein, durch ihre Architektur und Gestalt einen besonderen Ort, der von der sonstigen Wirklichkeit zu trennen ist: Ein Gotteshaus will ein sakraler, also ein heiliger Ort sein, der vom profanen Ort der Welt, also der Stadt, der Gemeinde, der Straße usw. bewusst abgegrenzt wird. Somit ist jedes Gotteshaus eine Art Einfallstor Gottes in unsere ansonsten zweckrationalisierte, technisierte und funktionalisierte Welt der Gegenwart. Dies betrifft nicht nur die Dimension des Raums, sondern auch die Dimension der Zeit. An einem heiligen Ort steht die Zeit in gewisser Weise still. Dies ist auch für Schülerinnen und Schüler bereits deutlich wahrzunehmen, wenn sie aus der Hektik des Alltags in die eindrucksvolle Stille und Bewegungslosigkeit einer Synagoge, einer Kirche oder einer Moschee eintreten. Die Begegnung mit Gott wird somit zu einer heilsamen Unterbrechung unseres hektischen Alltagsgeschehens.

Moshe – Mose – Musa

Alle drei abrahamischen Religionen kennen die Figur des Mose (jüdisch Moshe, arabisch Musa). Im Buch Exodus ist überliefert, wie Gott ihm einst in einem brennenden Dornbusch begegnet ist. An dieser Episode können die verschiedenen Dimensionen des sakralen Raumes illustriert werden: Mose begegnet Gott nicht im Alltag des Ziegenhütens, sondern vielmehr in einem besonderen Augenblick, hier: dem Brennen eines Dornbusches, der nicht verbrennt. Mose befiehlt eine Stimme, er möge seine Schuhe ausziehen, da dieser Boden heilig sei. In der folgenden Begegnung spricht eine Stimme zu Mose und enthüllt diesem das sogenannte Tetragramm, also das Vierbuchstabenwort: JHWH. Mit diesem nennt Gott seinen Namen und es benennt zugleich den Kern des jüdischen Gottesglaubens: Gott ist der „Ich bin der, der ich da sein werde". Im Folgenden bricht Mose auf und sammelt das Volk Israel um sich, um im Vertrauen auf diesen anwesenden und mitseienden Gott aus der Knechtschaft Ägyptens in die Freiheit aufzubrechen, das sogenannte Exoduserlebnis. Auf unser Thema Sakralbau übertragen kann man diese Episode wie folgt lesen: Mose tritt an einen heiligen Ort. Dieser ist dadurch markiert, dass Mose angehalten ist, seine Schuhe auszuziehen – ein Brauch, der bis heute von Muslimen in der Moschee gepflegt wird.

Zugleich beginnt in diesem Raum eine heilige Zeit. Ein Dornbusch brennt und verbrennt doch nicht, d.h. die Gesetzmäßigkeit der Zeit, die sich in Gegenwart, vergangene Gegenwart und eine Gegenwart, die noch nicht eingetreten ist, gliedert, hat hier keine Relevanz mehr. Aus der Begegnung mit Gott in einem Moment aufgehobener Zeit an einem heiligen Ort erwächst für Mose die Erfahrung der Gottesbegegnung mit all dem, was dann damit verbunden ist: Stärkung, Aufbruch, Auszug, Berufung.

Grundphänomen Heiliger Raum

Alle drei abrahamischen Religionen, die sich auf den Stammvater Mose berufen, haben dieses Grundphänomen des heiligen Raumes Teil ihrer religiösen Kultur werden lassen. Für Juden ist es die Synagoge, in der Gott gegenwärtig ist und in der er von ihnen angerufen und im Lesen der Tora erinnert werden kann. Ihre Ehrfurcht bekunden jüdische Männer durch das Bedecken des Hauptes mit der Kippa. Christen finden Gott in besonderer Weise in der Kirche: Sie ist der Ort, an dem Gott in Schrift und Sakrament gegenwärtig ist. Durch das Lesen der heiligen Texte erinnern sich Christen an die Menschwerdung Gottes in Jesus Christus und an dessen Heilstaten. Das Sakrament ist Zeichen und wirksame Zeichenhandlung des erlösenden Handelns Gottes an den Gläubigen. Die Moschee ist für Muslime der Ort des gemeinsamen Gebetes und der Gemeinschaft der Gläubigen. An diesem Ort beten sie in der Form und zu den Zeiten, die ihnen der Prophet vorgeschrieben hat.

Entdecken – Deuten – Gestalten

Will man Kinder und Jugendliche befähigen, sich in angemessener Weise mit Judentum, Christentum und Islam auseinanderzusetzen, so ist es unabdingbar, dass sie lernen, die heiligen Räume der drei abrahamischen Religionen zu entdecken, zu deuten und zu gestalten. Dies ist das Thema dieses Heftes. Dabei geht es nicht nur darum, die einzelnen Bestandteile und Elemente des jeweiligen Gotteshauses identifizieren und darstellen bzw. erklären zu können, sondern auch darum, die vielfältige Zeichen- und Symbolsprache der Räume deuten und verstehen zu lernen. Dabei will aber ein auf Fähigkeiten und Fertigkeiten abzielender Bildungsprozess nicht stehen bleiben. Hier muss es auch darum gehen, Kinder und Jugendliche zu befähigen, selbst problembewusst bei der Gestaltung von Räumen der Stille und des Gebetes mitzudiskutieren und gegebenenfalls mitzuwirken. Entsprechend haben wir die Praxisbeispiele aus der Vielfalt der Wettbewerbsbeiträge ausgewählt:

Wahrnehmungskompetenz

1. Heilige Räume entdecken: Die Wahrnehmungskompetenz steht im Zentrum des ersten Schulbeispiels, das die Evangelische Schule Berlin-Mitte im Rahmen der erweiterten Primarstufe der Jahrgangsstufen 4–6 durchgeführt hat. Unter der Überschrift „Kinderkirchenführer" haben sich Schülerinnen und Schüler gemeinsam mit ihren Lehrerinnen und Lehrern auf den Weg gemacht, um Kundige zu werden, was die Entdeckung und die Erschließung der heiligen Räume von Juden, Christen und Muslimen angeht. Dabei haben sie sich nicht, wie für Kinder einer konfessionellen Schule üblich, auf die Kirche beschränkt, sondern ihren Blick abrahamisch auf Synagoge und Moschee geweitet. Ergänzt wird dieses Projekt durch Erfahrungen der St. Lioba-Schule in Bad Nauheim, der Carl-Schomburg-Schule in Kassel (beide Sekundarstufe I, Jahrgangsstufen 8–10), des Christian von Mannlich Gymnasiums in Homburg an der Saar und der Fachschule für Sozialwesen in Speyer (Sekundarstufe II).

Deutungskompetenz

2. Heilige Räume im Gespräch deuten: In diesem Baustein steht der Dialog im Vordergrund. Im Projekt der John-F.-Kennedy-Schule in Bad Vilbel, einer Hauptschule im Großraum Frankfurt am Main, stehen heilige Räume als Orte der Begegnung mit Zeuginnen und Zeugen des Glaubens, ihren Kulturen und

Biografien im Mittelpunkt. Im Projekt „Erzähl mir deinen Koffer" begegneten Schülerinnen und Schüler der Jahrgangsstufe 9 Seniorinnen und Senioren aus den abrahamischen Religionen in einem Erzählcafé und lernten ihre Glaubens- und Lebensgeschichten kennen. Diese Lebens- und Glaubensgeschichten versinnbildlichten die Jugendlichen in Kofferinstallationen zum Thema „Heimat". Ergänzt wird das Beispiel durch die Idee der Durchführung von Erzählcafés aus der St. Lioba-Schule in Bad Nauheim (Sekundarstufe II) ebenso wie durch Erfahrungen aus Projekten des Christian von Mannlich Gymnasium in Homburg an der Saar (Sekundarstufe I und II) und der Georg-Ackermann-Schule in Breuberg (Sekundarstufe I und II).

Gestaltungskompetenz

3. Heilige Räume gestalten: Während in den ersten beiden Bausteinen vor allem Wahrnehmungs- und Deutungskompetenzen geschult worden sind, geht es nun im dritten Baustein um den Transfer auf eine reflexions- und handlungsorientierte Ebene. Die Schülerinnen und Schüler erlangen die Kompetenz, differenziert an Diskussionen um religiöse Orte im öffentlichen Raum (z. B. am Flughafen oder in Kliniken) teilzunehmen und Kriterien für eine Gestaltung derartiger Räumen anzugeben und anhand dieser Räume zu gestalten. Im Projekt „Lebensräume – Lebensträume" der Fachschule für Sozialwesen in Speyer ist ein trialogischer Gebetsraum von Schülerinnen und Schülern selbst gestaltet worden. Ergänzt wird dieser Baustein durch Erfahrungen aus Beiträgen des Christian von Mannlich Gymnasiums in Homburg an der Saar (Sekundarstufe I und II), dem Georg-Büchner-Gymnasium in Bad Vilbel (Sekundarstufe I) und der Levana-Schule-Schweich (Primarstufe und Sekundarstufe I).

Die drei Bausteine dieser Handreichung verstehen sich komplementär: Sie sind unabhängig voneinander aufzugreifen und selbst zu erproben. In der Kombination aller drei Bausteine entsteht zusätzlich ein Kompetenzfächer, der Schülerinnen und Schüler befähigen soll, heilige Räume nicht nur zu erkennen und in ihrer Zeichenhaftigkeit zu erschließen, sondern auch über die Abläufe in diesen Räumen entsprechend ins Gespräch zu kommen und kompetent gesellschaftliche Fragen zu religiösen Räumen zu diskutieren. Die in dem Heft gemachten Vorschläge sind selbst Grundlage für eine Diskussion in der Arbeit mit den Schülerinnen und Schülern.

Zum Aufbau und zur Arbeit mit diesem Themenheft

Alle Themenhefte unserer Reihe „Lernen im Trialog. Ideen für interreligiöse und interkulturelle Lernprojekte" richten sich an Lehrerinnen und Lehrer und Schülerinnen und Schüler, die an ihrer Schule interreligiöses und interkulturelles Lernen als trialogisches Lernen lebendig, handlungsorientiert und lebenspraktisch erproben wollen. Entsprechend sind alle Hefte ähnlich aufgebaut:

Die theologisch-wissenschaftliche Perspektive

In einem **Theorieteil** wird das Thema des Heftes in seiner religionswissenschaftlichen Bedeutung wie auch in seiner Zugänglichkeit für Schülerinnen und Schülern vorgestellt und mit Blick auf die zu entwickelnden Kompetenzen für das trialogische Lernen untersucht. Im Anschluss daran stellen jüdische, christliche und muslimische Wissenschaftler das Thema des Heftes aus der ihnen eigenen theologischen und pädagogischen Perspektive vor. Für die Anordnung der Beiträge haben wir nicht die sonst übliche chronologische Entstehungsreihenfolge der drei Religionen – Judentum, Christentum, Islam – gewählt, sondern die Entwicklung im religionspädagogischen Diskurs abgebildet. Im christlichen religionspädagogischen Diskurs ist zu Beginn des Jahrtausends vor allem durch ***Hartmut Rupp*** eine eigene religionsdidaktische Methodenlehre zur Erschließung von christlichen Gotteshäusern entstanden, die sogenannte Kirchenpädagogik. Im Zuge des Lern- und Dialogprozesses von Christen und Muslimen, der in den letzten zehn Jahren in vielen Kommunen gewachsen ist, konnten Ideen und Entwürfe zu einer ersten Moscheepädagogik wachsen. Hier ist besonders ***Ali Özgür Özdil*** zu nennen. Schließlich stellt ***Esther Kontarsky*** eine erste Skizze für eine Synagogenpädagogik vor. ***Bärbel Beinhauer-Köhler*** führt in einem religionswissenschaftlichen Beitrag die drei Perspektiven zusammen und analysiert die Besonderheit religiöser Räume in öffentlichen Schulen.

Die praktische Umsetzung

Den **Praxisteil** strukturieren drei Bausteine für die drei Kompetenzen der Wahrnehmung, der Deutung und der Gestaltung. Jeder Baustein bietet ein ausführliches Beispiel aus der Schule und mögliche Varianten an. Vorweg geschickt werden in der Regel die didaktischen Ziele der Beiträge sowie eine Einordnung der Beispiele in die jeweiligen Ländercurricula. Es folgen schließlich die einzelnen Bausteine. Dabei werden die Basisinformationen zum Best-Practice-Beispiel in einem Kasten **(Projekt)** ausgewiesen:

Projekt

- Schulform
- Beteiligte Fächer
- Größe der Lerngruppe
- Dauer des Projekts
- Vorbereitungszeit
- Methodische Großformen

Tipp

Im Baustein selbst finden Sie an verschiedenen Stellen weitere Hinweiskästen, in denen Sie Empfehlungen aufgrund der Erfahrungen der Wettbewerbsschulen **(Tipp)**, Anregungen für die Weiterarbeit über die Best-Practice-Beispiele hinaus **(Idee)**, Warnungen vor Fallstricken, Schwierigkeiten und Konflikten **(Achtung)** sowie schließlich Ideen für die vertiefende Lektüre bzw. für Materialsammlungen und Online-Plattformen **(Info)** finden. Zur besseren Handhabung haben wir die Projekt- und Tipp-Kästen in den Text integriert, Idee-, Achtung- und Info-Kästen finden sich dagegen am Seitenrand. Am Ende der Bausteinbeschreibungen sind **Materialien** wie Arbeits- und Aufgabenblätter angefügt.

Idee

Die Arbeitshilfe selbst schließt mit einem umfangreichen **Glossar**, in dem die wichtigsten Begriffe der Arbeitshilfe erklärt und aufgelistet sind, und mit einem Literaturverzeichnis, das die wichtigsten einschlägigen Publikationen zum interreligiösen Lernen ausweist.

Achtung

Info

Trialogische Perspektiven: Gotteshäuser entdecken, deuten und gestalten

1. Kirchenpädagogik im Christentum

Hartmut Rupp

Heilige Räume

Das christliche Gotteshaus gehört religionsphänomenologisch gesehen zu den „heiligen Räumen", wie es sie auch in anderen Religionen gibt. Es handelt sich dabei um ausgegrenzte Kultstätten, an denen es zu einer Begegnung mit dem Heiligen kommen soll. Die Lokalisierung des Raumes und seine äußere und innere Gestaltung weisen auf diese Begegnung hin und bereiten darauf vor.[1]

Bei der Wahl ihres Ortes dürften ursprüngliche Begegnungen mit dem Heiligen eine entscheidende Rolle gespielt haben. So ist die für Christen so bedeutsame Grabeskirche in Jerusalem am Ort der Kreuzigung Jesu errichtet. Andere Kirchen wurden am Ort von Marienerscheinungen (z. B. Lourdes oder Fatima) oder an Gräbern von Heiligen (wie Santiago de Compostella) errichtet. Jakob erbaute an dem Ort, an dem sich für ihn der Himmel öffnete (Gen 28), ein Heiligtum und nannte es Haus Gottes (Beth El). Der Tempel Salomos wurde auf dem Berg Zion errichtet, der Felsendom auf dem Felsen, von dem aus Mohammed seine Himmelsreise unternahm.

Der Bau heutiger heiliger Räume richtet sich nach dem „Gesetz der Zentrallage". Die heiligen Orte befinden sich – wo immer es möglich ist – im Zentrum eines Gemeinwesens und bringen durch ihre Lage ihre Bedeutung und die des Glaubens für die Gemeinschaft zum Ausdruck: Sie geben dem persönlichen und gemeinsamen Leben einen Mittelpunkt. Der Gang zu diesem Raum und der Besuch dieses Raumes sollen das Leben strukturieren und orientieren. Von dort erfahren das Leben und das Zusammenleben grundlegende Deutung und Perspektiven.

Als Stätte der Begegnung mit dem Heiligen sind heilige Räume aus der Profanität herausgehoben. Wer ihre Schwelle überschreitet, verlässt das Profane und betritt das „Fanum" (das Heiligtum). Deshalb gehört dazu ein bedachtes Verhalten (abgesenkte Stimme, ruhiges Gehen), eine entsprechende Kleidung (Sonntagskleidung, Gebetsmantel, keine Schuhe). Das Gebäude bietet eine Einfriedung, um sich darin auf die Begegnung mit dem Heiligen konzentrieren zu können. Heilige Räume sind immer auch Schutzräume.

Der Innenraum ist mit symbolischen Zeichen versehen, die auf die Begegnung mit dem Heiligen hinweisen sowie angeben, wer und was das Heilige ist und worin es sich offenbar gemacht hat (Kreuz, Koran, Gesetzestafeln).

Die Eintretenden werden durch den Raum leiblich auf die Begegnung mit dem Heiligen ausgerichtet. So sind christliche Kirchen in der Regel nach Osten auf die aufgehende Sonne ausgerichtet und damit auf Christus, das Licht der Welt. Synagogen richten sich nach Jerusalem aus, auf den Ort des Tempels und den Berg, an dem Gott sein Volk am Jüngsten Tag sammeln wird. Moscheen sind nach Mekka gewendet, dem Ort der Kaaba und der Begegnung Mohammeds mit Gott. Hinzu kommt die innere Ausrichtung der Raumelemente. Sie sollen das Entscheidende in der Begegnung mit Gott herausstellen. In christlichen Kirchen werden die Eintretenden in der Regel unwillkürlich auf den Altar als Ort der Eucharistie hingeführt, in Synagogen auf den Thoraschrein als Ort der Thora, in Moscheen auf die Gebetsnische (mihrab) als Bezugspunkt des Gebets.

Die besonderen Merkmale des christlichen Gotteshauses[2]

Christliche Gotteshäuser werden als „Kirchen" bezeichnet. Sie gehören dem „Herrn" (von dem griechischen Wort kyriake). Andere Bezeichnungen sind „Dom" (von domus ekklesiae, dem Haus der Gemeinschaft), „Münster" (von monasterium, Kloster), „Kathedrale" (von kathedra, dem Bischofs- oder Lehrstuhl). „Kapellen" bezeichnen unselbstständige

[1] Vgl. Manfred Josuttis: Vom Umgang mit heiligen Räumen, in: Thomas Klie (Hg.), Der Religion Raum geben. Kirchenpädagogik und religiöses Lernen, Münster 1998, 34–43; Gerardus van der Leeuw: Phänomenologie der Religion, Tübingen 1956, 445–457.

[2] Auf die einzelnen Aspekte des Kirchenraums gehen ein Hartmut Rupp: Handbuch der Kirchenpädagogik, Stuttgart 2006; Margarete Luise Goecke-Seischab/Frieder Harz: Der Kirchenatlas, München 2008; Margarete Luise Goecke-Seischab/Jörg Ohlemacher: Kirchen erkunden, Kirchen erschließen, Lahr/Kevelaer 1998; Birgit Neumann/Antje Rösner: Kirchenpädagogik. Kirchen öffnen, entdecken und verstehen. Ein Arbeitsbuch, Gütersloh 2003.

Bet- oder Andachtsräume (z. B. Friedhofskapellen). Sie haben ihrem Namen nach dem Mantel (cappa) des Heiligen Martin, der von den Merowingern in einer solchen kleinen Kirche verehrt wurde. „Pfarrkirchen" sind Kirchen einer einzelnen Pfarrei.

Kirchen zeigen wie der Tempel Salomos eine Dreiteilung. Sie haben einen Vorraum (Vorhalle), der eine Art Übergang vom Profanen in das Fanum bildet. Dann kommt das Kirchenschiff (das Heilige), in dem sich die Gemeinde versammelt, schließlich der Altarraum (das Allerheiligste), von dem aus der Gottesdienst geleitet wird, auf den hin die ganze Gemeinde sich ausrichtet und das Abendmahl empfängt. Hinzu kommt der Turm mit seinen Glocken und der Turmuhr. Er weist die Menschen nach oben und verkündigt, dass die Wirklichkeit nicht bloß aus der Erde allein, sondern aus Himmel und Erde besteht.[3] Die Glocken rufen die Gläubigen zur Heiligen Messe und zum täglichen Gebet, das ihrem Leben Rhythmus und Takt gibt. Die Turmuhr verkündet, dass die Zeit in Gottes Händen steht. Ein Hahn auf der Spitze ermahnt, Christus treu zu bleiben und ihn nicht zu verleugnen. Ein Kreuz weist auf Christus als den Herrn der Welt.

Kirchen liegen meist etwas erhöht. Man geht zu ihnen einige Stufen hinauf. Diese Stufen begegnen uns auch am Portal und vor dem Altarbereich. So wird anschaulich: Wer zu Gott geht, muss sich aus dem Alltag lösen und einen Weg hinauf auf einen Berg gehen. Das verbindet den Gläubigen mit Mose (Ex 20) und Elia (1. Kön 19).

Christliche Gotteshäuser orientieren sich zum einen an dem Tempel Salomos (1. Kön 8). Danach sind sie keine Wohnhäuser Gottes, sondern Räume, in denen die Nähe Gottes erhofft und mit gutem Grund erbeten wird. Gott aber hat sich nicht an diesen Raum gebunden. Er wohnt im Himmel und damit außerhalb menschlicher Wahrnehmung und Erkenntnis. Er hat jedoch verheißen, die Gebete zu hören, die in dem Haus gesprochen werden, das ihm gehört (vgl. 1. Könige 8, 22–23. 27–30).

---

22 Und Salomo trat vor den Altar des HERRN angesichts der ganzen Gemeinde Israel und breitete seine Hände aus gen Himmel
23 und sprach: HERR, Gott Israels, es ist kein Gott weder droben im Himmel noch unten auf Erden dir gleich, der du hältst den Bund und die Barmherzigkeit deinen Knechten, die vor dir wandeln von ganzem Herzen;
27 aber sollte Gott wirklich auf Erden wohnen? Siehe, der Himmel und aller Himmel Himmel können dich nicht fassen – wie sollte es dann dies Haus tun, das ich gebaut habe?
28 Wende dich aber zum Gebet deines Knechts und zu seinem Flehen, HERR, mein Gott, damit du hörst das Flehen und Gebet deines Knechts heute vor dir:
29 Lass deine Augen offen stehen über diesem Hause Nacht und Tag, über der Stätte, von der du gesagt hast: Da soll mein Name sein. Du wollest hören das Gebet, das dein Knecht an dieser Stätte betet,
30 und wollest erhören das Flehen deines Knechts und deines Volkes Israel, wenn sie hier bitten werden an dieser Stätte; und wenn du es hörst in deiner Wohnung, im Himmel, wollest du gnädig sein.

Christliche Gotteshäuser nehmen das himmlische Jerusalem vorweg. Dieses senkt sich einst vom Himmel herab und es kommt zu einem neuen Himmel und einer neuen Erde (Offenbarung 21, 2–4).

---

2 Und ich sah die heilige Stadt, das neue Jerusalem, von Gott aus dem Himmel herabkommen, bereitet wie eine geschmückte Braut für ihren Mann.
3 Und ich hörte eine große Stimme von dem Thron her, die sprach: Siehe da, die Hütte Gottes bei den Menschen! Und er wird bei ihnen wohnen, und sie werden sein Volk sein und er selbst, Gott mit ihnen, wird ihr Gott sein;
4 und Gott wird abwischen alle Tränen von ihren Augen, und der Tod wird nicht mehr sein, noch Leid noch Geschrei noch Schmerz wird mehr sein; denn das Erste ist vergangen.

Das Kirchengebäude soll auf die „Hütte" (eigentlich Zelt) hinweisen und einen Vorgeschmack geben, wie es ist, wenn sich Himmel und Erde berühren.

Um dies anschaulich zu machen, wurde in der Geschichte des Kirchenbaus immer wieder versucht in der äußeren Gestalt der Kirche eine Stadt vor Augen zu stellen.[4] So ist der Grundriss der Basilika der antiken Stadt nachgebildet. Sie hat zwei Straßen, die sich kreuzen. Der Mittelgang ist die Hauptachse (cardo), der Weg im Querhaus die Querachse (decumanus). Um die Stadt befindet sich die Stadtmauer. Im Schnittpunkt findet sich das Forum.
In der Romanik stellt man sich diese Stadt als einen

---

3 Vgl. Gen 1,1: „Am Anfang schuf Gott Himmel und Erde."

4 Deutungen des Kirchenraumes finden sich bei Eckhard Bieger u. a. (Hg.): Schnittpunkt zwischen Himmel und Erde. Kirche als Erfahrungsraum des Glaubens, Kevelaer 1998; Werner Roemer: Abbild des Himmels. Zur Theologie des Kirchengebäudes, Kevelaer 2001. Dem biblisch-theologischen Zusammenhang von Kirchenbau und himmlischem Jerusalem geht nach Otto Böcher: Johannesoffenbarung und Kirchenbau. Das Gotteshaus als Himmelstadt, Neukirchen/Düsseldorf 2010.

burgartigen, turmbewehrten Komplex vor. In der Gotik deutet man die Stadt Gottes als eine Stadtanlage mit Türmen und Türmchen, mit Bögen und Toren sowie mit Glaswänden, die an das edelsteinbesetzte Mauerwerk des himmlischen Jerusalems erinnern sollen (Offb. 21, 18–21).

---

18 Und ihr Mauerwerk war aus Jaspis und die Stadt aus reinem Gold, gleich reinem Glas.
19 Und die Grundsteine der Mauer um die Stadt waren geschmückt mit allerlei Edelsteinen. Der erste Grundstein war ein Jaspis, der zweite ein Saphir, der dritte ein Chalzedon, der vierte ein Smaragd,
20 der fünfte ein Sardonyx, der sechste ein Sarder, der siebente ein Chrysolith, der achte ein Beryll, der neunte ein Topas, der zehnte ein Chrysopras, der elfte ein Hyazinth, der zwölfte ein Amethyst.
21 Und die zwölf Tore waren zwölf Perlen, ein jedes Tor war aus einer einzigen Perle, und der Marktplatz der Stadt war aus reinem Gold wie durchscheinendes Glas.

Im Barock interpretiert man das himmlische Jerusalem als überwältigenden Thronsaal Gottes, in dem sich Heilige, Propheten, aber auch einfache Menschen mit dem dreieinigen Gott treffen und dem Vater, dem Sohn und dem Heiligen Geist mit dem Ruf „Solo Deus Gloria“ huldigen.

Christliche Gotteshäuser versinnbildlichen aber auch den biblischen Paradiesgarten: Wer durch die „Himmelspforte“ eintritt, gelangt in einen Garten, in dem die Früchte vom Baum des Lebens zu schmecken sind. Vor allem spätgotische Kirchen machen diesen Zusammenhang durch die Blumenmotive an der Decke sinnfällig.

Kennzeichnend für das christliche Gotteshaus ist ihr kreuzförmiger Grundriss, der jedoch nicht bei allen Kirchen vorkommt. Während sich der Grundriss der orthodoxen Kirchen im Osten an dem gleichschenkeligen griechischen Kreuz orientiert, orientiert sich der westliche Kirchenbau an einem gestreckten lateinischen Kreuz. So soll sichtbar werden, dass diejenigen, die eintreten, „in Christus“ sind. Sie sind mit Christus mitgestorben und werden mit ihm auch auferstehen.

Kirchengebäude sollen die liturgische Feier unterstützen. Die Liturgie ist „Bauherrin“ (Cornelius Gurlitt) des Kirchenraums. Doch Kirchen sind mehr als das Gehäuse für die gottesdienstliche Feier. Kirchen sind zugleich Häuser der Erinnerung und Zeugen für eine Glaubenstradition. Sie lassen erkennen, wofür sich frühere Generationen eingesetzt haben und wonach sie sich sehnten. Kirchen lassen verstehen, dass die christliche Gemeinschaft von dem Einsatz Früherer lebt. Dies belegen die Grabmäler, Stifternamen auf den Kirchenfenstern, die Reliquien von Märtyrern im Altar und vor allem das Kreuz selbst.
Kirchen sind zudem Räume voller Lieder und Musik. Davon erzählen die Orgel, die Gesangbücher, die Liedtafeln, aber auch die Glocken, die ja auch als Musikinstrument anzusehen sind.
Kirchen sind Häuser der symbolischen Zeichen: Da gibt es Kreuze und Fische, Pelikane und Adler, Bilder von Weizenhalmen, Trauben oder bedeutungsvolle Buchstaben.
Kirchen sind sodann Häuser voller Geschichten. Der Taufstein erzählt von Taufen, von Kindern und Familien. Das Lutherbild im Kirchenfenster erzählt von dem mutigen Bekenntnis vor dem Reichstag in Worms oder von der Bibelübersetzung auf der Wartburg. Heiligenbilder und -figuren erzählen von einem vorbildlichen christlichen Lebenswandel und zugleich von den schwierigen Anfängen des Christentums. Kirchen sind schließlich auch als Häuser der Werte zu sehen. „Da drin wohnt das christliche Abendland“.[5] Nach dieser Sicht verweisen das Gebäude, die Kunstwerke, die Symbole auch auf kulturelle Werte des Abendlandes.

Konfessionelle Unterschiede

Durch die Inneneinrichtung ihrer Gotteshäuser machen die verschiedenen Konfessionen deutlich, worin sie selbst den Kern des christlichen Glaubens sehen.
Kern der katholischen Frömmigkeit ist die Feier der Eucharistie und damit die Hingabe Jesu Christi in seinem Fleisch und seinem Blut. Katholische Kirchen richteten sich nach dem Tridentinischen Konzil (1545–1563) auf den Hochaltar und den Tabernakel aus. Der Blick auf das Heilsgeschehen und die Anbetung der geweihten Hostie sollten den Kern der katholischen Frömmigkeit bilden. Nach dem 2. Vatikanischen Konzil (1962–1965) rückte der Zelebrationsaltar ins Zentrum des Kirchenraums. An diesem Altar versammelt sich das Volk Gottes. Es empfängt die Eucharistie, gewinnt somit an der Hingabe Christi für die Menschen Anteil und lässt sich selbst zur Hingabe für andere in Anspruch nehmen.

Kennzeichnend für die evangelisch-lutherischen und die unierten Kirchen ist die Ausrichtung auf den „Dreiklang“ von Kanzel, Altar und Taufstein, die in der geöffneten Bibel und in dem Altarkreuz ihre verbindende Mitte haben. So wird sinnfällig, was

---

5 Vgl. Karl Heinrich Bieritz: Heilige Buden. Von Kirchen und anderen Geheimnissen, in: Praxis Gemeindepädagogik 2 (2006), 13–17, dort 14.

Kirche nach evangelischem Verständnis kennzeichnet (Confessio Augustana VII): Kirche ist dort, wo sich Menschen versammeln, auf das Evangelium hören (Kanzel), die Taufe gespendet (Taufstein) und das Abendmahl gereicht bekommen (Altar). Die geöffnete Bibel ist Hinweis auf die Gegenwart Gottes in der Verkündigung des offenbarten und geschriebenen Wortes Gottes. Das Altarkreuz weist hin auf den Tod und die Auferstehung Jesu Christi als Grunddatum christlichen Glaubens. Darin zeigt sich die Mitte der Schrift. Reformierte Kirchen wollen sich ganz auf die Verkündigung des Evangeliums in der Predigt konzentrieren und rücken deshalb die Kanzel in die Mitte.

Orthodoxe Christen werden auf die Ikonostase, die Bilderwand ausgerichtet und damit auf die zweiflügelige „königliche Tür", durch die Brot und Wein als Zeichen der Versöhnung zu den Menschen kommen. Zugleich erfahren sich die Gläubigen als Teil des großen Volkes Gottes, zu dem auch die Patriarchen, die Propheten, die Evangelisten, die Apostel und die Heiligen sowie die Gottesmutter gehören, die in der Bilderwand dargestellt werden.

In baptistischen Kirchen werden die Eintretenden auf das Tauchbad in der Taufe ausgerichtet. Christliche Existenz lebt aus der bewussten Entscheidung für die Taufe.

Ähnlich wie in orthodoxen Kirchen kann in katholischen Kirchen ein reichhaltiges Bild- und Skulpturenprogramm das Gebet zu Gott und die Bitte um Fürsprache durch die Heiligen unterstützen. Zu dem Standardrepertoire des katholischen Kirchenraums gehören Christus-, Marien- und Heiligendarstellungen. Dazu gehören Kreuze und Kruzifixe, eine Pieta, Veronika mit dem Schweißtuch, die heilige Familie, Josef mit dem Jesusknaben, Antonius mit dem Christuskind sowie Maria auf der Mondsichel stehend. Die Darstellung Christi in den Kreuzwegen, in den Mariendarstellungen (z. B. Pieta, Mondsichelmadonna) und in dem Kruzifix weist auf den Opfertod Jesu und damit die Wiederherstellung der Gemeinschaft mit Gott. Diese Bilder bringen zum Ausdruck, dass der einzelne Gläubige in eine Gemeinschaft der Gläubigen auch vor seiner Zeit eingebunden ist und dass er hineingenommen ist in die Heilsgeschichte Gottes mit den Menschen.

Das Bildprogramm der evangelischen Kirchen ist deutlich zurückhaltender. In den Fenstern werden meist biblische Szenen oder Reformatoren dargestellt. Dies dient der Unterweisung. Daneben finden sich wie auch in den katholischen Kirchen neben dem Kreuz Zeichen wie Alpha und Omega, sowie Chi und Rho, die griechischen Anfangsbuchstaben von Christus. Sie weisen hin auf Jesus Christus, den Herrn der Kirche, der zu verkündigen ist.

Die evangelische Kirche sieht sich somit stärker in einer Tradition der Bilderkritiker, weil sie durch eine Darstellung des Heiligen, vor allem Gottes, seine Begreifbarkeit und Transzendenz gefährdet sieht. Die katholische Kirche gehört eher in die Tradition der Bilderfreunde.[6]

Bauformen und Baustile

Kirchen zeigen ganz unterschiedliche Formen und Stile. Hier zeigt sich die Vielfalt des christlichen Kirchenbaus wie sie sich in einer fast 2000-jährigen Geschichte entwickelt hat.

Die ersten christlichen Kirchen waren umgewandelte Wohnhäuser. Als die Christen immer zahlreicher wurden, benötigte man Hallen, um miteinander Gottesdienst zu feiern. Da man sich von den heidnischen Tempelanlagen absetzen wollte, entschied man sich für Markt- oder Königshallen, den sogenannten Basiliken (von griech. „basileus" König). Sie hatten ein erhöhtes Mittelschiff und eine runde Apsis sowie mehrere niedrigere Seitenschiffe. In der Apsis stand dann der Altar, hinter diesem der Sitz des Bischofs. Mit dem Einbau eines Querhauses entstand die Kreuzform. Über der Vierung erhob sich eine Kuppel. Der Baustil der Basilika findet sich heute in vielen Pfarrkirchen.

Typisch für den romanischen Kirchenbau (1050–1250) sind die Rundbögen, das wuchtige Mauerwerk, die Doppeltürme im Westen und Osten, der Einbau einer Unterkirche mit Gräbern, die „Krypta", sowie die Einführung eines trutzigen Querriegels am Westportal, dem Westwerk. Der westliche Teil der Kirche konnte jedoch auch als ein zweiter Chorraum gestaltet sein, so dass eine Doppelchoranlage entstand. Im Schnittpunkt von Langhaus und Querhaus, der sogenannten „Vierung", mit dem Vierungsturm, hängt meist ein Radleuchter, der das himmlische Jerusalem bezeichnen sollte. Die meisten romanischen Kirchen waren mit einem Kloster verbunden, besaßen deshalb auch ein Chorgestühl, das meist in der Vierung hinter einer Trennmauer (dem sogenannten Lettner) stand. Der burgartige Bau vermittelt ein Gefühl von Schutz und Geborgenheit.

[6] Vgl. die Unterscheidung in dem Beitrag von Bärbel Beinhauer-Köhler: Schulen als interreligiöse Räume – interreligiöse Räume in Schulen, S. 32–36, dort 33–35.

Typisch für den gotischen Kirchenbau (1150–1500) ist das Streben nach oben, die rationale Konstruktion des ganzen Gebäudes, der Einbau von großen Fenstern mit reicher Ausstattung, so dass die Wände selbst lichtdurchlässig werden. Das einströmende Licht gibt dem Raum eine geheimnisvolle, mystische Atmosphäre. Da alles nach oben strebt, sollen die Herzen der Menschen auf den einen Gott ausgerichtet werden. Möglich wurde diese Konstruktion durch den Einbau von Strebebögen, die das Gewicht nach außen verlagern und die Wände entlasten. Die Kirchenportale werden mit Skulpturen reich geschmückt. Im Kircheninneren spielen dann Reliquien und ihre Verehrung eine bedeutende Rolle. Im Chor steht ein Altar mit Bildern, um den Altarraum führt ein Weg mit Kapellen (den Kapellenkranz im Chorumgang). In der Spätgotik wird auf das weit ausladende Strebewerk verzichtet. Statt einer basilikalen Struktur mit unterschiedlichen Schiffshöhen wählt man eine Hallenkirche mit je gleich hohen Schiffen.

Typisch für den barocken Kirchenbau (1600–1770) sind die Schauwände, die der eigentlichen Kirche vorangestellt werden. Sie enthalten beim katholischen Kirchenraum Heilige, die Apostel, aber auch allegorische Darstellungen von Tugenden. Man hat den Eindruck, als gäbe es nirgends rechte Winkel. Alles ist gebogen, rund (barock heißt „schiefrund"). Der Innenraum ist reich ausgestattet. Dekorative Muster, Gold, Marmor und Lichtkränze spielen eine große Rolle. In den Seitenkapellen findet man hochformatige Bilder sowie Heiligenfiguren und kleine Engelchen (den Putten). Alles ist jedoch auf den Hochaltar mit dem Tabernakel ausgerichtet. Der Grundriss will kreuzförmig sein, doch das Kreuz zeigt sich meist nur innen und nicht von außen (eingeschriebenes Kreuz). Über der Vierung erhebt sich eine Kuppel, die den Himmel symbolisiert und somit den Blick in den Himmel öffnet. Die Deckenbilder sind mit Illusionsmalerei versehen. Wer in die Kirche geht, der soll den Eindruck gewinnen, er sei dem Himmel und damit Gott ganz nahe. Der barocke katholische Kirchenbau will im Zeitalter der Gegenreformation die Macht der katholischen Kirche darstellen, aber auch in den Menschen nach den Zerstörungen des 30-jährigen Krieges die Sehnsucht nach einem erfüllten und heilen Leben wecken.
Der protestantische Kirchenbau des Barock fällt in der Regel etwas nüchterner aus. Er will Menschen auf die Predigt konzentrieren und gestaltet deshalb den Raum als Hörsaal (Dresdner Frauenkirche, Hamburger Michel). Taufstein, Altar, Kanzel und Orgel werden hinter- und übereinander gruppiert (Kanzelaltar), so dass alles in eine Richtung steht und Menschen eine Orientierung finden. Alles ist gleichwertig.

Der Klassizismus (1770–1840) orientiert sich am antiken Tempel und will Antike und Christentum versöhnen.

Dies wird im Zeitalter des Historismus (1860–1895) jedoch heftig abgelehnt. Dieser favorisiert den christlichen, mittelalterlichen Kirchenbau und baut vor allem den nur scheinbar deutschen „gotischen" Stil oder aber den romanischen Stil (vor allem in katholischen Kirchen). Man will schon im Bau die Einheit von Volk und Glaube sowie die Einheit von Staat und Kirche deutlich machen. Typisch sind der Triumphbogen zwischen dem Gemeinderaum und dem Altarraum, die Anbringung der Kanzel an diesem Triumphbogen, ein geräumiger Altarbereich zum Empfang des Abendmahles und der Einbau von Chorfenstern mit neutestamentlichen Themen. Für die Vorhalle hat man alttestamentliche Themen vorgesehen.

Moderne Kirchen (ab 1918) sind ungemein vielfältig, z.T. nehmen sie auch alte Bausubstanz auf und fügen diese in einen neuen Raum oder in neues Ensemble ein (Kaiser Wilhelm Gedächtnis Kirche, Berlin). Typisch für die Moderne ist einmal die Verwendung von Beton, Glas, Stahl und Holz, von vorgefertigten Bauteilen sowie der Verzicht auf verdeckende Anstriche, Putz o.ä. Jeder soll sehen, aus welchem Material die Kirche gebaut wurde. Typisch ist sodann, dass das Gebäude selber als Skulptur aufgefasst wird (z.B. Le Corbusier in Ronchamps). Der Bau selbst ist schon ein Kunstwerk, dessen Form aufgrund des plastischen Materials (Beton) ganz neu erfunden werden kann, sich aber auch an traditionellen Vorstellungen wie dem Zelt oder dem Achteck orientiert. Auf jeden Fall will man aber durch die äußere Gestalt auf das Besondere hinweisen, was in diesen Kirchen geschieht. Innen sind moderne Kirchen eher nüchtern ausgestaltet. Die Ausstattung ist auf das Wesentliche konzentriert und deshalb reduziert. Auf Bilder, Fresken, Mosaike wird weitgehend verzichtet. Große Aufmerksamkeit wird jedoch dem Altar, der Kanzel, dem Taufstein und dem Kreuz sowie den Glasfenstern gewidmet, deren Gestaltung weitgehend abstrakt gehalten wird. Die wenigen Kunstwerke wollen den Betrachter entdecken lassen, was nicht offen zutage tritt. Insgesamt soll der Raum dazu dienen, dass Eintretende die Hektik des Alltags hinter sich zurücklassen, still werden und sich ganz auf Gott und die Transzendenz ausrichten. Die sich versammelnden Menschen sollen sich als Gemeinschaft erfahren können.

Kirchenpädagogik

In Aufnahme der Museumspädagogik und einer ganzheitlichen Grundschuldidaktik hat sich Ende der achtziger Jahre des 20. Jahrhunderts die Kirchenpädagogik als Teilbereich der Religionspädagogik entwickelt. Sie vereinigt ganz unterschiedliche Wissenschaften, nämlich Liturgie, Homiletik, Symbolik und Religionspädagogik sowie Architekturgeschichte, Kunstgeschichte, Profangeschichte und die Religionswissenschaft.
Bestimmend für die Kirchenpädagogik ist die Erweiterung der Hermeneutik um die Ästhetik. Es geht darum, den Kirchenraum mit allen Sinnen wahrzunehmen und ihn von da her zu verstehen. Dieses Verstehen richtet sich jedoch nicht bloß auf den Raum als solchen, sondern bezieht auch die wahrnehmende Person mit ein. Es gilt, in der Begegnung mit dem Kirchenraum sowohl den Raum als auch sich selbst neu zu verstehen.[7] Hilfreich dafür ist das von Karl Rahner nachgebildete Modell der Mystagogik in der katholischen Religionspädagogik.[8] In dieser geht man davon aus, dass der Raum, die Wege in ihm, vor allem aber auch die darin zu findenden Figuren und Bilder den Betrachter mitnehmen und ihn einladen, sich auf eine Begehung und Begegnung einzulassen. Der Kirchenraum erzählt von gelebter Frömmigkeit und zeigt somit Spuren Gottes im eigenen Leben auf. Erfahrungen, Bedürfnisse, Träume, Sehnsüchte, Sorgen und Ängste werden von Rahner und der ihm folgenden Kirchenpädagogik als Spuren zu Gott verstanden. Wer sich auf sie einlässt, macht sich somit selbst auf den Weg, sich in seiner Beziehung zu Gott besser zu verstehen.
Dieses weite Anliegen umfasst die einzelnen Teilziele der Kirchenpädagogik, die voneinander unterschieden und getrennt angegangen werden können:

(1) Alphabetisierung: den Raum sinnverstehend „lesen" können.
(2) Spirituelle Erfahrung: im Raum aufgehobene Formen religiöser Praxis begehen, nachempfinden und beurteilen können.
(3) Beheimatung: den Raum der Gottesdienst feiernden Gemeinde aktiv mitgestalten können.

Kirchenpädagogik hatte ihren Anfang in norddeutschen, evangelischen Kirchen und in der Arbeit mit Kindern. Dieser Ansatz hat sich zwischenzeitlich deutlich verändert. Kirchenpädagogik richtet sich heute an Kinder, Jugendliche sowie Erwachsene, jetzt auch an Senioren. Sie ist inzwischen in allen deutschen Bundesländern angekommen und auch in der katholischen Kirche selbstverständlich geworden.

Formen der Erschließung

In der vergleichsweise kurzen Geschichte der Kirchenpädagogik wurden ganz unterschiedliche Formen der Erschließung eines Kirchenraumes entwickelt. Diese Entwicklung ist noch lange nicht abgeschlossen. Man kann derzeit mindestens sechs verschiedene Formen unterscheiden:[9]

(1) Die Kirchenerkundung
Diese Form richtet sich an den Einzelnen und besteht darin, mit einer Vorgabe den Kirchenraum Schritt für Schritt zu erkunden. In vielen Kirchen gibt es dazu sogenannte „Kinder-Kirchenführer", die Kinder an einzelne Orte des Kirchenraumes führen und dazu Wahrnehmungs- und Deutungsaufgaben zur Verfügung stellen. Daneben gibt es Erkundungsbögen für Jugendliche, aber auch für Touristen, die den Kirchenraum aufsuchen. Beliebt sind Detektivspiele, in denen versteckte Plätze, Bildelemente oder Gegenstände entdeckt werden sollen. Reizvoll ist es, Fotos von Details des Kirchenraums vorzulegen und diese Details im Kirchenraum finden zu lassen.

(2) Die Kirchenführung
Diese Form richtet sich an Gruppen und hat Ähnlichkeiten mit der klassischen Kirchenführung. Während jene jedoch monologisch, erklärend und zum Teil auch erzählend verfährt, geht es dieser um eine dialogische und auf Wahrnehmung ausgerichtete Erschließung an den einzelnen Stationen des Raumes. Es wird zu Wahrnehmungen angeleitet, Entdeckungen werden stimuliert, ausgetauscht und es wird zu eigenen Deutungen ermutigt. Hier werden Skulpturen nicht

[7] Roland Degen, ein Wegbereiter der Kirchenpädagogik, formuliert: „Kirchenerkundungen erreichen dort ihr Ziel, wo, ohne dass dies zu erzeugen ist, die Lebensgeschichte des Individuums und die inhaltliche Überlieferung des Raumes sich spannend und spannungsvoll begegnen." Roland Degen: „Echt stark hier!" Kirchenräume erschließen. Aufgaben – Typen-Kriterien, in: Roland Degen/Inge Hansen, Lernort Kirchenraum Münster u.a. 1998, 5–22, dort 18.

[8] Vgl. zum Ansatz des mystagogischen Lernens Hans Mendl: Religion erleben. Ein Arbeitsbuch für den Religionsunterricht, München 2008, 164–172.

[9] Vgl. H. Rupp: Handbuch der Kirchenpädagogik, a.a.O. 10ff. Roland Degen unterscheidet den „baukundlichen", den „katechetischen", den „handlungsorientierten", den „symboldidaktischen", den „Neues gestaltenden" Typus, vgl. „Echt stark hier!" Kirchenräume erschließen. Aufgaben – Typen-Kriterien, in: R. Degen/I. Hansen, Lernort Kirchenraum, a.a.O., 5–22, dort 10–19. Die katholische Religionspädagogin Monika Scheidler unterscheidet liturgisch-katechetische von spirituell-symboldidaktischen, kreativen und „mystagogischen" Führungen.

einfach erklärt oder beschrieben, sie werden nachgestellt und zur Sprache gebracht. Solche Erschließungen können auch thematisch orientiert sein und sich auf Themen wie den Baustil, den Zusammenhang von Klang und Raum, das Licht, Christusdarstellungen, die Glasfenster u.a. ausrichten.

(3) Die geistliche Führung

Ausgehend von der Einsicht, dass der Kirchenraum ein Raum ist, um Religion praktizieren zu können, ist es Ziel der geistlichen Führung, durch einen spielerisch-offenen Gebrauch spiritueller Formen den Kirchenraum zu erschließen. So wird von der Kanzel gepredigt, in dem man einen Bibeltext auswählt, diesen vorträgt und in einem Satz formuliert, was einem an diesem Text wichtig erscheint (Kanzellesen). Da erinnert man sich am Taufstein der Taufe, teilt miteinander am Altar Trauben und erzählt vom letzten Abendmahl. Vor der Pieta wird gekniet und das Schmerzensbild betrachtet. Im Beichtstuhl wird ein Beichtspiegel gelesen, vor einer Krippendarstellung werden den Betenden Gebetsworte in den Mund gelegt und so das Gebet geübt. An ausgewählten Kreuzwegstationen werden kurze Andachten begangen.

Zu dem spielerisch-offenen Gebrauch gehören auch die modifizierende und experimentelle Wiederholung sowie die nachträgliche Reflexion. So kann man beim Kanzellesen den Bibeltext einmal von der Kanzel oder auch vom Ambo lesen und entscheiden lassen, welcher Ort für die Predigt geeigneter ist. Kirchenpädagogik erweist sich hier als Teil der performativen Didaktik.

Im Hintergrund dieser Übungen steht die Einsicht, dass sich die Wahrnehmung eines Raumes durch die Form der Begegnung mit dem Kirchenraum und das Miterleben der liturgischen Rituale verändert.

Es zeigt sich, dass die geistliche Form der Erschließung ganz besonders von katholischen Kirchenpädagoginnen und -pädagogen praktiziert wird. Sie entspricht in besonderer Weise einer katholischen Sicht des Kirchenraumes als Ort der steten Gegenwart Gottes im geweihten Brot.

(4) Die ganzheitlich-aktive Kirchenerschließung

Diese Form der Kirchenerschließung wird vor allem in evangelischen Kontexten geübt. Sie fällt hier leichter, weil der evangelische Kirchenraum erst dann als „heilig" gilt, wenn darin Gottesdienst gefeiert und das Evangelium verkündigt wird. Davor und danach ist für viele der evangelische Kirchenraum ein profaner Raum und man kann sich darin ungezwungen bewegen.

Die aktive Erschließung zeichnet sich aus durch Basteln, Malen, Messen, aber auch durch eine Wahrnehmung mit allen Sinnen. Da wird geschwiegen und gelauscht, da wird die Decke auf dem Boden liegend betrachtet. Da wird singend oder tanzend der Raum durchschritten, der Raum mit verschiedenen Orgelklängen gefüllt, die Einrichtung tastend erspürt, der Lieblingsplatz gesucht und der Raumeindruck in einem Gedicht (Elfchen[10]) zusammengefasst. Da wird die Raumhöhe mit einem Luftballon gemessen, Länge und Breite mit Schritten bestimmt, die Form von Skulpturen mit Metallfolien abgenommen, Zeichnungen von Raumdetails angefertigt, Skulpturen mit Ton nachgebildet, aber auch die Orgel untersucht und der Glockenstuhl bestiegen. Die ganzheitlich-aktive Kirchenschließung eignet sich auch für eine Stationenarbeit.

(5) Die elementarisierende Kirchenerschließung

Diese Form der Kirchenerschließung richtet sich an Jugendliche, vor allem aber an Erwachsene. Sie geht davon aus, dass die verschiedenen Elemente des Kirchenraumes mit elementaren Lebensfragen zu tun haben. So lässt die Kanzel fragen, welche Worte einen im Leben geprägt haben, der Taufstein, zu wem man gehört, der Altar, was einem heilig ist und einem Kraft gibt. Grabmäler lassen fragen, was nach dem Tode kommt, das Kruzifix, wie man auf Schmerzen und Ohnmacht reagiert. Heiligenbilder lassen fragen, wer für einen selber ein Vorbild ist, die Säulen, wer einen stützt, die Orgel, welche Lieder einen aufbauen. Im Raum werden zu den Raumelementen die entsprechenden Fragekarten ausgelegt und von Paaren oder Kleingruppen im gemeinsamen Gespräch beantwortet.

(6) Die theaterpädagogische Kirchenerschließung

Kirchenräume haben eine wechselvolle Geschichte.

---

[10] Ein Elfchen ist ein kurzes gedichtartiges Textstück. Es hat 5 Zeilen und 11 Wörter.
In der 1. Zeile steht ein Wort, das das Thema angibt.
Die 2. Zeile enthält zwei Wörter. Hier steht, worauf sich der Begriff bezieht.
In der 3. Zeile befinden sich drei Wörter, die bezeichnen, wo sich das befindet.
Die 4. Zeile enthält vier Wörter mit freiem Thema.
Die 5. Zeile fasst das Ganze in einem Wort zusammen.
Z.B.
Grün
Das Blatt
Der Taube Noahs
Setzt Sehnsucht mir frei.
Auf!

Die theaterpädagogische Kirchenerschließung recherchiert historische Szenen aus der Geschichte des Kirchenraumes, dramatisiert diese Szenen und führt sie auf. Ansprechend wird es, wenn es gelingt, dazu entsprechende Gewänder zu tragen.

Empfehlungen

Kirchenpädagogische Erschließungen setzen auf Seiten der Leitenden eine gute Kenntnis des Kirchenraums voraus. Dazu gehört notwendig das Wissen, was man von der jeweiligen Gemeinde her gesehen in dem Raum machen darf und was nicht. Es bedarf immer einer Absprache. Das gilt gerade auch für die Übertragung kirchenpädagogischer Methoden auf die „heiligen Räume" anderer Religionen.

2. Moscheepädagogik im Islam

Ali Özgür Özdil

Heilige Räume[1]

Für Muslime hat jeder Ort, an dem sie Gott anbeten können, etwas „Heiliges". Nur in Verbindung mit Gott wird die Stelle, der Ort oder der Raum „heilig". Denn im Grunde ist nur Gott allein heilig, wie auch einer Seiner Namen im Islam belegt: al-Quddus – „Der Heilige".

„Er ist Gott, außer Dem es keinen Gott gibt. Er kennt das Verborgene und das Offenbare. Er ist der Erbarmer, der Gnädige. Er ist Gott, außer Dem es keinen Gott gibt: Der Herrscher, der Heilige, der Heilbringende, der Glaubengewährende, der Beschützer, der Erhabene, der Unwiderstehliche, der Majestätische. Preis sei Gott, erhaben ist Er über das, was sie Ihm an Göttern beigesellen. Er ist Gott, der Schöpfer, der Urheber, der Formgebende. Sein sind die schönsten Namen. Ihn preist, was in den Himmeln und was auf Erden ist; Er ist der Mächtige, der Weise." (Sure 59, Vers 22–25)

Betrachten wir die Dinge aus diesem Blickwinkel, so sind für Muslime auch eine Kirche, eine Synagoge, eine Wohnung oder ein Stück Erde heilig. In Sure 22:40 lesen wir:

„...Und hätte Gott nicht die einen Menschen durch die anderen abgewehrt, wären Klöster, Kirchen, Synagogen und Moscheen, in denen Gottes Name häufig gedacht wird, zerstört worden..."

Und in Sure 2:114 lesen wir:

„Und wer ist ungerechter als jener, der verhindert, das in den Gebetsstätten Gottes Sein Name erwähnt wird, und sich bemüht, sie zu zerstören?..."

Demnach gilt es, alle diese Orte gleichermaßen zu respektieren und zu schützen.
Jeder Ort, an dem Muslime sich zum Gebet niederwerfen können, wird als Masdschid – Ort des Niederwurfs – bezeichnet. Die gesamte Erde ist demnach eine „Moschee". Einzige Voraussetzung ist die Reinheit dieses Ortes, denn beim rituellen Gebet (arab. as-salâh) berühren Muslime während des Niederwerfens mit ihrer Stirn und den Handflächen den Boden. Deshalb werden Moscheen ohne Straßenschuhe betreten. Das Wort Moschee kommt vom Arabischen „Masdschid" (Ort, an dem man sich vor Gott niederwirft). Die erste Moschee war die Kaaba (siehe Sure 3:95f.). Eine Moschee ist jener Ort, an dem sich die Muslime zum Gebet versammeln. Moscheen besitzen eine Gebetsnische (siehe Mihrab), die immer in Richtung der Kaaba ausgerichtet ist, eine Kanzel (siehe Minbar) und eine Dikka (Platz des Muezzins). Zur Moschee gehört auch der Waschraum oder ein Brunnen, wo sich die Gläubigen vor dem Gebet reinigen. Moscheen haben auch gelegentlich ein oder mehrere Minaretts, von dem aus der Muezzin die Gläubigen zum Gebet ruft. Oft liegen im Gebetsraum der Moschee Teppiche aus, dieser Bereich darf nicht mit Straßenschuhen betreten werden. Vor oder im Gebetsraum sind daher Schuhregale angebracht. Im Gebetsraum befinden sich Koranexemplare und Lesepulte. Die Tür der Moschee ist in der Regel von der Morgendämmerung bis spät in die Nacht geöffnet. Früher befanden sich unter dem Dach größerer Moscheen auch Krankenhäuser, Apotheken, Schulen, Hochschulen, Herbergen, Armenküchen und Gerichtsstätten, so dass Moscheen auch als Verwaltungsgebäude genutzt wurden. In jeder größeren Stadt befindet sich eine große Freitagsmoschee. Hier wurden früher die Predigten von den Staatsoberhäuptern gehalten. Im früheren Andalusien nahmen an der Freitagspredigt auch Juden und Christen teil.
Die Moschee als Gebäude hat lediglich den Zweck, der Gemeinschaft der Muslime als Magnet für ihre Versammlungen zu dienen. So kommen zu den fünf Gebetszeiten sowie am Freitag und den beiden Feiertagen (zum Opferfest und zum Fest des Fastenbrechens) die Muslime zu den gemeinschaftlichen Gebeten zusammen. Dieser Ort der Versammlung (arab. dschâmi) ist

[1] Vgl. Ali Özgür Özdil: Heilige Räume im Islam, in: Grundschule Religion 2 (2003), Heft I, 29–30.

jedoch kein geweihter Ort und kann somit auch nicht entweiht werden.

Die Kaaba (auch „Haus Gottes“ genannt) als „erstes Gotteshaus auf Erden“ (Sure 3:95) gilt als das zentrale Heiligtum im Islam und wird daher „Heilige Moschee“ (arab. „Masdschid al-Harâm“) genannt. Kaaba ist das arabische Wort für „Würfel“ bzw. „Kubus“ und bezeichnet das Gebäude im Hof der großen Moschee in Mekka mit dem Beinamen „Haus Gottes“ (Baitullâh). Die Kaaba gilt als das erste Gotteshaus, das je erbaut wurde, wie Gott im Koran berichtet:

„... Das erste (Gottes)haus, das den Menschen aufgestellt worden ist, ist dasjenige in Bakka (d. h. Mekka), zum Segen und zur Rechtleitung für die Menschen in aller Welt.“ (3:95f.)

In der Mauer nahe der Eingangstür der Kaaba befindet sich „der schwarze Stein“, über den erzählt wird, er sei ein Meteor oder ein Stein aus dem Paradies. Oder es wird berichtet, dass er ursprünglich weiß war und die reine Seele des Menschen symbolisierte, jedoch mit der Zeit durch die Untaten der Menschen schwarz wurde. Bereits in vorislamischer Zeit galten Mekka und die Kaaba als eine von Abraham und seinem Sohn Ismael errichtete Pilgerstätte. Jedoch wurden damals Götzen verehrt, die der Prophet Muhammad im achten Jahr nach der Hidschra beseitigte und so seine Heimatstadt Mekka vom Polytheismus befreite. Seitdem pilgern jährlich mehrere Millionen Muslime aus aller Welt nach Mekka, um die Kaaba zu umkreisen und ihre Haddsch-Pflicht zu erfüllen, die zu den „Fünf Säulen des Islam“ zählt. Die „unverletzliche Moschee“ in Mekka fasst heute mehr als 250.000 Menschen.

Besondere Merkmale einer Moschee[2]

Die Rituale des islamischen Glaubens bestimmen die Struktur der religiösen Architektur. Dazu gehören die Moschee (Masdschid) und die Madrasa (die Theologenschule). Weitere religiöse Bauten sind Mausoleen, Sufi-Klöster, Versammlungshäuser der Bruderschaften und Friedhöfe. Die Profanarchitektur hat vor allem Paläste, Bäder, Handelshäuser, Karawansereien und Ingenieurbauten wie Aquädukte, Staudämme und Befestigungsbauten aufzuweisen. Bis auf die Privathäuser wurden diese Bauten fast ausschließlich aus Staatsmitteln errichtet, später kamen häufiger private Stiftungen für die Baukosten auf. Alle Bauformen haben gemeinsame strukturelle und dekorative Elemente. Das Dekor bestehend aus floralen Ornamenten wird nur im Sakralbau eingehalten, bei Profanbauten sind auch bildliche Darstellungen festzustellen. Jede Epoche bzw. Dynastie schöpfte dabei aus einem ihr eigenen Formenvorrat. Die bekanntesten Epochen sind die der Umayyaden, Abbasiden und Fatimiden in Arabien und Nordafrika, der Seldschuken und Osmanen in Kleinasien und Europa, der Safawiden im Iran und der Mogulen in Indien. Besonders berühmte Bauten sind z. B. die Umayyaden-Moschee in Damaskus, die Moschee von Cordoba, die Alhambra in Granada, das Tadsch Mahal in Agra, die Al-Azhar Moschee in Kairo sowie die Sultan-Ahmed-Moschee in Istanbul. Ein besonderes Kennzeichen der islamischen Architektur ist die Benutzung von Keramik und Kacheln mit geometrischen Mustern und Mosaiken sowie die Verzierung mit Koranversen (z. B. mit der Kufi-Schrift, siehe mehr unter Kunst).[3]

Der Vorhof

Wenn der Moschee ein umgrenzter Hof angeschlossen wird, der an den Seiten von Arkaden flankiert ist, dann sind alle wichtigen Merkmale des Hauses des Propheten Muhammad in Medina vorhanden. Der erste Bau der Al-Aqsâ-Moschee in Jerusalem (um 670 n. Chr.) wurde auf diese Art aus der königlichen Stoa (Säulenhalle) des Herodes, einer zerstörten Basilika, entwickelt.

Das Minarett

„Minarett“ leitet sich vom arabischen manâra ab, was so viel wie Leuchtturm bedeutet. Die ältesten islamischen Minarette entstanden unter den Umayyaden in Syrien (661–750) und nahmen mit der Zeit sehr unterschiedliche Formen an. Sie haben vor allem zwei sehr praktische Funktionen: Durch sie kann man erkennen, wo sich die nächste Moschee befindet, und man kann den Muezzin (Gebetsrufer) besser hören. Heute wird in der Regel über Lautsprecher zum Gebet gerufen. Der Gebetsruf (arab. Adhân) als fester Bestandteil des islamischen Gebetes dient dazu, die Gläubigen an die Gebetszeit zu erinnern und sie zum Gebet einzuladen. In muslimischen Ländern (aber auch in einigen Ländern, in denen die Muslime eine Minderheit sind) ruft der Muezzin fünfmal täglich:

4 x Allâhu Akbar (Gott ist größer)
2 x Aschhadu an lâ ilâha illâ Allâh
(Ich bezeuge, dass es keine Gottheit gibt außer (den) Gott)

[2] Vgl. dazu auch David Macaulay: Sie bauten eine Moschee, Hildesheim 2004.
[3] Zur Vielfalt der Moscheebauten in muslimischen Ländern siehe vor allem: Martin Frishman/Hasan-Uddin Khan: Die Moscheen der Welt, Köln 2002.

2 x Aschhadu anna Muhammad^{an} Rasûl Allâh
(Ich bezeuge, dass Muhammad der Gesandte Gottes ist)
2 x Áayy alâ-s-Salâh (Kommt zum Gebet)
2 x Áayy alâ-l-Falâh (Kommt zum Heil)
2 x Allâhu Akbar (Gott ist größer)
1 x lâ ilâha illâ Allâh
(Es gibt keine Gottheit außer Gott).

Überall auf der Erde wird der Adhân in Arabisch ausgerufen, so dass Muslime, egal in welchem Land sie sich befinden, hören können, wann in dem betreffenden Ort welches Gebet an der Reihe ist und wo sich die nächste Moschee befindet.

Die Kuppel

Die ursprüngliche Prophetenmoschee besitzt keine Kuppel. An der Stelle, an der laut islamischen Quellen die Himmelsreise des Propheten Muhammad stattfand, steht der Felsendom von Jerusalem, eine der wichtigsten Pilgerstätten des Islam. Dieser Sakralbau trägt die älteste erhaltene Kuppel der islamischen Architektur. Der reiche Mosaikschmuck gehört zu den herausragenden Beispielen islamischer Mosaikkunst. Kuppeln, die einen wichtigen Bestandteil der islamischen Architektur darstellen, entwickelten sich aus der sassanidischen und aus der frühchristlichen Bautradition. Die Trompenkonstruktion der islamischen Architektur (Gewölbe in den Ecken eines quadratischen Grundrisses) stammt aus dem sassanidischen Iran. Sie trug zur Ausbreitung von Moscheen, Mausoleen und anderen überkuppelten Gebäuden in der islamischen Welt bei. Unter den Osmanen wurden Moscheen gebaut, die das byzantinische Erbe der Türkei widerspiegeln. So hat die Moschee Selims II. (1569–1574), die von dem türkischen Architekten Sinan in Edirne in der Türkei erbaut wurde, eine mächtige Kuppel mit einem Hof. Dieser ist von einer Arkade umgeben, auf der sich kleine Kuppeln und Halbkuppeln befinden. Dieser Aufbau beeinflusste die Gestaltung von Moscheen in der Türkei, Syrien, Ägypten, Arabien und Nordafrika.

Der Waschbrunnen

Da die rituelle Waschung vor dem Gebet obligatorisch ist, befinden sich im Vorhof großer Moscheen immer Waschbrunnen. In vielen kleineren Moscheen befinden sich die Waschbrunnen an den Außenwänden oder innerhalb der Moscheen.

In der Moschee

Eine Moschee benötigt weder Kuppel noch Minarett. Allerdings müssen sich innerhalb der Moschee gewisse Einrichtungsgegenstände befinden, damit das Gebäude die Funktion einer Moschee erfüllen kann.

- Der Gebetsraum:
  In vielen Moscheen liegen Gebetsteppiche aus. Der Gebetsteppich (arab. sadschd-schada/sajjâda) wird beim rituellen Gebet zum Niederwurf benutzt, wobei die Betenden sich hinknien und mit den Innenflächen ihrer Hände und mit der Stirn den Fußboden berühren. Es ist wichtig, dass die Stelle, auf der man sich niederwirft, sauber ist. Deshalb benutzen Muslime oft einen Gebetsteppich, den sie überall auslegen können (z. B. wenn sie auf Reisen sind). Die Größe oder Form der Gebetsunterlage spielt keine besondere Rolle. Die Unterlage muss auch nicht zwingend ein Teppich, sondern kann alles sein, was sauber ist (z. B. ein Handtuch oder auch Papier). Die Unterlage darf Muster enthalten, aber keine Bilder von Lebewesen, da diese vom Gebet ablenken können. Im Gebetsraum befinden sich weiterhin eine Gebetsnische und eine Predigerkanzel. Des Weiteren befindet sich in einigen Moscheen ein Platz für den Gebetsrufer, dies ist aber nicht zwingend erforderlich.

- Die Gebetsnische (arab. Mihrab):
  Mihrab ist die arabische Bezeichnung für die „Gebetsnische" in Moscheen, von der aus der Imam (Vorbeter) das gemeinschaftliche Gebet leitet. Die Mihrab befindet sich in der Regel gegenüber dem Haupteingang und zeigt immer die Gebetsrichtung (die Qibla) an. Gebetet wird immer in Richtung der Kaaba, die sich in der Stadt Mekka befindet. Die Mihrab besteht aus verschiedenen Materialien wie Marmor, Holz, Gips oder Kacheln. Es dürfen auf ihr keine Bilder gezeigt werden. Sie wird daher in der Regel mit Koranversen verziert, beispielsweise mit folgendem Vers aus Sure 2, 144: „Wende dein Antlitz in Richtung auf die heilige Moschee."

- Freitags- und Feiertagskanzel (arab. Minbar):
  Die Minbar ist jener Einrichtungsgegenstand, von dem aus die Predigt (Khutba) am Freitag und an den beiden islamischen Feiertagen (siehe Feste) gehalten wird. Sie hat die Funktion einer „Kanzel". Es gibt auch Moscheen, in denen sich eine balkonartige Minbar befindet. Der Imam besteigt die Stufen der Minbar mit Gebeten, hält von dort die Predigt, setzt sich kurz für ein Gebet hin und beendet diese dann mit einem Abschlussgebet. Danach ruft der Muezzin zum Gebet und die Gläubigen stellen sich für das rituelle Gemeinschaftsgebet auf. Die Minbar, die aus unterschiedlichen Materialien mit verschiedenen Motiven hergestellt wird, befindet sich immer in Gebetsrichtung. In der Regel besteht sie aus Holz oder ist gekachelt. Während sich der Prophet Muhammad

zu seinen Lebzeiten lediglich einen Schemel bauen ließ, auf den er sich stellte, damit ihn alle Gläubigen während der Predigt gut sehen und hören konnten, wurde die Minbar im Laufe der Zeit immer größer – je nach Größe und Deckenhöhe der jeweiligen Moschee.

- Kanzel (arab. Kursî):
Gelegentlich befindet sich in der Moschee auch ein Einrichtungsgegenstand, der „Kursî" genannt wird und eine Kanzel bezeichnet, von der aus im Sitzen gepredigt wird. Diese Predigt findet jedoch vor den Gebeten statt und ist nicht Teil des Gottesdienstes, sondern erfüllt eher die Funktion eines Lehrstuhls.

- Platz des Gebetsrufers (arab. Dikka):
Der Muezzin, der Gebetsrufer, lädt die Gläubigen fünfmal täglich vom Minarett (oder über Mikrofon) zum Gebet ein und zwar von dem für ihn in allen Moscheen bestimmten Platz aus. Der erste Muezzin der islamischen Geschichte war der Prophetengefährte Bilâl aus Abessinien. Hier eine Überlieferung: Als die erste Moschee in Medina fertig war, diskutierten die Muslime darüber, wie die Gläubigen zum Gebet gerufen werden sollten. Bisher hatte man sich zu festen Gebetszeiten versammelt. Die Juden bliesen ins Horn, die Christen benutzten Glocken. So ließ der Prophet eine Klapper machen. Da hatte Abdullâh ibn Zaid eines Nachts einen Traum, den er dem Propheten erzählte: „Letzte Nacht ging im Traum ein Mann an mir vorüber. Er war mit zwei grünen Gewändern bekleidet und trug eine Klapper in der Hand. Ich fragte ihn: ‚Du, Diener Gottes, verkaufst du mir diese Klapper?' Er fragte mich: ‚Was willst du damit machen?' Ich sagte: ‚Wir rufen damit zum Gebet.' Dann sagte er: ‚Soll ich dir dafür etwas Besseres sagen?' Und dann sagte er: ‚Gott ist größer, Gott ist größer, Gott ist größer, Gott ist größer! Ich bezeuge, dass es keine Gottheit gibt außer Gott! Ich bezeuge, dass es keine Gottheit gibt außer Gott! Ich bezeuge, dass Muhammad der Gesandte Gottes ist! Ich bezeuge, dass Muhammad der Gesandte Gottes ist! Kommt zum Gebet! Kommt zum Gebet! Kommt zum Heil! Kommt zum Heil! Gott ist größer, Gott ist größer! Es gibt keine Gottheit außer Gott!'" Dieser Gebetsruf gefiel dem Propheten sehr, so dass er Abdullâh ibn Zaid befahl: „Gehe zu Bilâl und bringe es ihm bei. Er soll damit die Gläubigen zum Gebet rufen." Von diesem Tag an lädt überall auf der Welt der Muezzin die Muslime mit diesem Adhân zum Gebet ein.

Moscheepädagogik

In vielen Moscheen werden neben den religiösen, kulturellen und sozialen auch pädagogische Dienstleistungen angeboten. Während die Predigt den Aspekt der „Belehrung" erfüllt, erfüllen die Korankurse den Aspekt der religiösen Erziehung. Im modernen Zeitalter gehen die Angebote jedoch über das klassische Memorieren des Korans hinaus und erfüllen den Aspekt von Unterricht im weitesten Sinne. Eine besondere Neuheit ist hingegen die Nutzung der Moschee für das entdeckende Lernen für Schulklassen. Dabei spielt vor allem der Dialog eine zentrale Rolle.

Die Freitagspredigt

Khutba ist das arabische Wort für die Predigt, die der Imam (auch Khatîb, also „Redner" genannt) von der Minbar aus am Freitag oder an den beiden islamischen Feiertagen (siehe Feste) hält. Der Imam steigt dabei während des Gebetsrufes (Adhân) die Stufen der Minbar hoch und wendet sich dann der Gemeinde zu. Die Predigt wird mit der Lobpreisung Gottes und der Segnung des Propheten Muhammad, seiner Familie und seiner Gefährten begonnen. Dann folgt das Glaubenszeugnis und anschließend ein Vers oder eine Sure aus dem Koran. Schließlich wird die zitierte Koranstelle interpretiert. Gelegentlich wird auch eine Aussage des Propheten hinzugefügt. In der Regel bezieht sich die Khutba auf ein aktuelles Thema. Während der Khutba ist das Reden nicht erlaubt, denn das Zuhören der Predigt gilt als Gottesdienst. Nach der Predigt setzt sich der Imam kurz hin und steht dann wieder auf, um mit verschiedenen Lobpreisungen, Gebeten und Koranversen die Predigt zu beenden. Im Anschluss findet das Freitags- oder Feiertagsgebet statt. Für die Gläubigen ist die Freitagspredigt zugleich die wichtigste regelmäßige Belehrung für ihren Glauben und erfüllt somit auch einen pädagogischen Zweck.

Korankurse

In fast allen Moscheen finden – je nach personellen, räumlichen und finanziellen Möglichkeiten – Korankurse statt. Des Weiteren gibt es große Moscheen, in denen Kinder, Jugendliche sowie Erwachsene im Koran unterwiesen werden. Es gibt allerdings auch Moscheen, in denen dies aus personellen und/oder finanziellen Gründen nicht möglich ist. In einigen Moscheen werden Jungen unterrichtet, in anderen erhalten beide Geschlechter Unterricht. Weiterhin gibt es Moscheen, in denen nach Geschlechtern getrennt und solche, in denen koedukativ unterrichtet wird. Einige Moscheen unterhalten Koranschulen im Sinne des Privatschulrechts, andere bieten lediglich „Kurse" an (ohne Unterrichtsfächer, Klassen, Noten und Zeugnisse). In den meisten Moscheen wird der Unterricht in der jeweiligen Muttersprache der Mehrheitsgemeinde abgehalten. In nur sehr wenigen Moscheen findet der Unterricht in Deutsch statt, vor allem deswegen, weil die meisten Imame aus dem Ausland kommen.

Die Korankurse in den Moscheen finden in der Regel am Nachmittag oder an den Wochenenden statt. Der Besuch ist freiwillig und fast immer kostenlos. Die Kursteilnehmer bekommen zunächst ein Leseheft, mit dem sie die arabischen Buchstaben lernen. Wenn sie dann in der Lage sind, arabisch zu lesen, lernen sie anhand eines weiteren Lernheftes die Koranleseregeln (tadschwid). Sie lernen z. B., an welcher Stelle sie anhalten oder eine Pause machen müssen und wo sie nicht anhalten dürfen, damit der Sinn des Verses nicht verfälscht wird. Schließlich ist die arabische Schrift eine Konsonantenschrift ohne Groß- und Kleinschreibung und ohne Zusammensetzung und Silbentrennung. Im dritten Schritt lernen sie, die kurzen Suren aus dem Koran zu lesen und auswendig wiederzugeben, da sie diese für die täglichen Gebete benötigen. Dabei werden sie von einem Lehrer oder einer Lehrerin begleitet, von denen viele große Teile des Korans oder den ganzen Koran auswendig rezitieren können. Die Lehrer korrigieren die Schülerinnen und Schüler beim Rezitieren, bis diese den gelernten Abschnitt ohne Hilfe vortragen können. Gelegentlich kommt es vor, dass einige Schülerinnen und Schüler den ganzen Koran auswendig lernen. Dieses Wissen können sie auf den von den größeren islamischen Verbänden organisierten regionalen oder bundesweiten Wettbewerben für Koranrezitation unter Beweis stellen. Bestimmte Abschnitte des Koran, d. h. die auswendig gelernten arabischen Suren und Verse, die die Schülerinnen und Schüler für das Gebet brauchen, werden den Schülerinnen und Schülern dem Sinn nach erläutert. Es gibt aber auch Übersetzungen in verschiedene Sprachen.

Da viele Eltern nicht in der Lage sind, ihre Kinder im Koran zu unterweisen, schicken sie sie in eine Moschee in ihrer Nähe. Dies tun gelegentlich auch Eltern, die selbst nicht praktizierend sind, aber trotzdem möchten, dass ihre Kinder die eigene Religion kennenlernen. Ihnen ist bewusst, dass dies zu den wichtigsten Pflichten muslimischer Eltern gehört.

Wichtige Ziele dieser Erziehung sind, das Selbstwertgefühl der Schülerinnen und Schüler zu stärken, indem sie das „Wort Gottes" lesen können und somit einen eigenen Zugang zur Hauptquelle des Islam bekommen. Vor allem ist die Überzeugung verbreitet, dass jeder Muslim den Koran mindestens einmal im Leben durchgelesen haben sollte. Ein weiteres Ziel ist, dass die Schüler über ein Fundament verfügen, auf dem sie in Zukunft aufbauen können, wenn sie sich für ein tieferes Studium entschließen sollten.

Auch Moscheeführungen – vor allem für Schulklassen – heben den Wert außerschulischer Lernorte für das sogenannte „Endeckende Lernen" hervor und sind für das Einüben von Dialog von unermesslicher Bedeutung.

Empfehlungen: Moscheeführungen[4]

Viele Moscheen öffnen inzwischen ihre Türen für Besuchergruppen. Zu den häufigsten Besuchern gehören Schulklassen. Das ermöglicht jungen Schülerinnen und Schülern zugleich Erfahrungen mit religiöser Vielfalt zu machen und den Dialog einzuüben. Dabei empfiehlt es sich, sich vorher mit dem Thema „Moschee" auseinanderzusetzen. Für Schulen bietet sich das Arbeitsmaterial „Besuch einer Moschee" zur Vorbereitung eines Moscheebesuchs an.[5] Erfahrungsgemäß nehmen die Lehrkräfte den ersten Kontakt zur Moschee auf, klären erste Fragen und vereinbaren einen Termin.

Methodisch wäre es sinnvoll, sich erst einmal als Menschen zu begegnen. D.h. der Dialog wird erst einmal auf eine breite Basis gelegt, bevor er auf religiöse und kulturelle Fragen „verengt" wird. Daher wird empfohlen, sich erst einmal – wenn möglich – bei einem Tee gegenseitig vorzustellen. Dann erst, wenn alle „angekommen" sind, kann eine Führung durch die Räumlichkeiten stattfinden, damit erste Eindrücke gewonnen und die Basis für weitere Fragen gelegt werden kann. Bevor das Fragen beginnt – es können auch schon vorher welche vorbereitet werden – empfiehlt es sich, den Besuchern die Gelegenheit zu geben, ca. fünf Minuten lang durch den Gebetsraum zu gehen und sich alles anzusehen. Dabei darf in einer ganz normalen Lautstärke gesprochen werden. Es sollte nur darauf geachtet werden, falls jemand beten sollte, nicht vor dem Betenden vorbeizulaufen, damit seine Konzentration nicht gestört wird.

Nachdem erste Eindrücke von der Atmosphäre, in der die Besucher sich befinden, gewonnen worden sind, sollten sich alle in einem Halbkreis vor der Gebetsnische hinsetzen. Sowohl Schülerinnen und Schüler als auch Lehrerinnen und Lehrer sowie muslimische Moscheeführer können von den hier gegebenen Informationen über die Geschichte, Architektur und Funktion einer Moschee profitieren.

Methodisch empfiehlt es sich, nicht erst Fragen zu beantworten, sondern dem Ganzen eine Struktur zu

[4] Vgl. dazu auch Ali-Özgür Özdil: Wenn sich die Moscheen öffnen, Münster 2002.

[5] Siehe mehr unter http://iwb-hamburg.de/images/stories/dokumente/Material_Moschee.pdf. Als Einstiegslektüre für Kinder empfiehlt sich auch Miguel Sánchez: Die Moschee von Córdoba für Kinder, Granada 2001 (Originaltitel: La Mezquita de Córdoba contada a los niños).

geben, indem der Moscheeführer mit eigenen Worten die Einrichtungsgegenstände erklärt. Es wäre sinnvoll, anstatt einen langen Vortrag zu halten, die Besucher zu fragen, was sie bereits kennen und wissen. Somit wäre das Ganze interaktiv bzw. würde ein reiner Monolog verhindert werden. Für Grundschulklassen empfiehlt es sich, eine sogenannte „Islam-Kiste" mit Gegenständen (Gebetsteppich, Gebetskette, Kompass), Bildern, Büchern und Begriffskarten bereitzuhalten. Denn wenn Begriffe wie „Minbar" oder „Kanzel" fallen, kann der Moscheeführer diese Begriffe hochhalten oder sogar zu den jeweiligen Gegenständen legen lassen, damit die Schülerinnen und Schüler nicht nur hören, sondern auch sehen können (z.B. wie „Imam" geschrieben wird).

Erst nach Klärung der Fragen über den Raum und seine Funktionen sollten die Besucher Informationen über sonstige Aktivitäten unter dem Dach der Moschee erfragen oder erhalten, z.B. was die Tätigkeiten eines Imams sind (im Vergleich zu einem Rabbi oder Priester) oder welche Aktivitäten für die Jugend stattfinden, welche Bildungsangebote es gibt usw.

Sollte noch Zeit bleiben für allgemeine Fragen, so sollten auch diese auf neugierige und weniger auf provokante Weise gestellt werden. So kann sich bereits sehr früh ein respektvoller Dialog entwickeln und über Gemeinsamkeiten wie Unterschiede gesprochen werden. Der Dialog führt schließlich zur Selbstreflexion und die Schüler fangen an, ein „Wir-Gefühl" zu entwickeln. Z. B. sagen dann Schüler aus christlichen Familien: „In unserer Kirche…", „bei uns Christen…" usw. So kann sich die Moschee als außerschulischer Lernort zu einem Bildungsnetzwerk zwischen Schule, Familie und Gemeinde entwickeln und die Bildungslandschaft bereichern.

Anfragen im Hinblick auf Ansprechpartner bei der Erkundung von Moscheen

Wer eine Moschee besuchen und von innen erkunden möchte, hat häufig das Problem, einerseits eine geeignete Moschee und andererseits einen deutschsprachigen Ansprechpartner zu finden. In der Regel trifft man die Verantwortlichen (zumindest den Imam und/oder den Vorsitzenden) während der Gebetszeiten an. Dabei sind die aktivsten Zeiten in Moscheen während des Mittags-, Nachmittags- und Abendgebets. Anrufe oder Besuche für ein Vorbereitungsgespräch, sollten also nachmittags bis zum Sonnenuntergang (Abendgebet) erfolgen.

Einige Städte wie Hamburg, Berlin, Köln, Duisburg oder Mannheim haben bereits berühmte Moscheen, die regelmäßig und in langjähriger Erfahrung Moscheeführungen anbieten. Dabei handelt es sich häufig um sogenannte repräsentative Moscheebauten. Die meisten Moscheen jedoch haben kein qualifiziertes Personal und bieten auch aufgrund der räumlichen Situation keine Führungen an. So konzentriert sich der Besuch auf einige wenige Moscheen. Wer jedoch bereits eine bestimmte Moschee kennt – etwa in der Nachbarschaft zur Schule, zur Kirche oder dem eigenen Wohnort – oder auf irgendeinem Weg Zugang zu einer bestimmten Moschee hat – das kann auf Empfehlung von Kollegen sein oder über Eltern/Schüler –, der kann sein Glück durch einen persönlichen Besuch oder einen Anruf versuchen. Es gibt viele Moscheen, die den großen regionalen oder überregionalen islamischen Dachverbänden angehören wie der Türkisch-islamischen Union der Anstalt für Religion (DITIB)[6], der Islamischen Gemeinschaft Milli Görüs (IGMG)[7], dem Verband Islamischer Kulturzentren (VIKZ)[8], dem Islamrat (IR)[9], dem Zentralrat der Muslime (ZMD)[10] oder einem der SCHURA Verbände in den nördlichen Bundesländern[11]. Diese verfügen gemeinsam über knapp 2000 Moscheen in Deutschland und haben eigene Webseiten. Über diese Webseiten lässt sich ein Kontakt zu den regionalen Zentren herstellen und anfragen, welche ihrer Moscheen in welcher Stadt bzw. in welchem Stadtteil Führungen anbieten und wer die Ansprechpartner sind.

Dabei sollten alle Fragen, die für den geplanten Besuch sinnvoll sind, gestellt werden. Zu den häufigsten Fragen gehört, ob Mädchen/Frauen ein Kopftuch tragen müssen. Das wird allerdings in der Regel nicht verlangt. Dennoch sollte auf angemessene Kleidung geachtet werden.

Führungen sind vor allem montags bis donnerstags günstig. Freitags ist es für die Gemeinde aufgrund des Freitagsgebets ungünstig bzw. sind Moscheen an Freitagen häufig überfüllt, so dass es Platzprobleme geben könnte, falls zusätzlich 25 SchülerInnen kämen.

Für einen Besuch eignen sich Zeiten ab 10.00 Uhr, zumal die meiste Arbeit in Moscheen ehrenamtlich bewältigt wird und auch vor 10.00 Uhr wenig Betrieb ist. Wer jedoch das gemeinschaftliche Gebet miterleben möchte, sollte wissen, dass das Mittagsgebet im Winter um ca. 12.30 Uhr und im Sommer um ca. 13.30 Uhr verrichtet wird.

Zuletzt sollte jedoch auch gefragt werden, ob sonst noch etwas berücksichtigt werden muss.

[6] http://www.ditib.de/; [7]http://www.igmg.de/; [8] http://www.vikz.de/; [9] http://www.islamrat.de/; [10] http://www.islam.de/;
[11] Für Hamburg: http://www.schurahamburg.de/; für Niedersachsen: http://www.islam-niedersachsen.de/; für Bremen: http://www.schurabremen.de/.

3. Synagogenpädagogik im Judentum

Esther Kontarsky

Heilige Räume

Im Jahr 70 nach Beginn der christlichen Zeitrechnung ereignete sich eine Katastrophe, die den jüdischen Gottesdienst fundamental neu ordnen und verändern sollte: Das bisherige Zentrum des jüdischen Kults, der Zweite Tempel in Jerusalem, wurde durch die Römer zerstört. Damit war es schlagartig vorbei mit Opferfeiern, der Arbeit der Priester, dem instrumental begleiteten Gottesdienst und auch den Wallfahrten zum Jerusalemer Tempel. Die Schockwelle war so gewaltig, dass sie bis heute im jüdischen Gottesdienst, in seinem Nachfolger, der Synagoge, in der Kommentarliteratur und im jüdischen Blick auf die Welt nachhallt.

Warum bedeutete das Ende des jüdischen Tempels aber nicht das Ende des jüdischen Kults, eines jüdischen Rituals, das Ende des Judentums? Ein möglicher Grund ist, dass die Synagoge nicht erst zum Zeitpunkt der Tempelzerstörung begründet wurde, sondern ihr Ursprung in der Antike liegt: Einige datieren diesen in die Zeit des babylonischen Exils, andere vermuten ihn im 3. Jahrhundert v.d.Z. Dies bedeutet, dass die Synagoge bereits existiert hat, als der Tempel noch stand. Im Unterschied zum Tempel allerdings fehlte ihr der Opfergottesdienst. An seine Stelle trat (und tritt auch heute) ein reiner Wortgottesdienst. Nach der Zerstörung des Zweiten Tempels im Jahre 70 n.d.Z. entwickelte sich dieser Wortgottesdienst weiter, die Awoda schebaLew[1]. Außerdem lag in der Synagoge[2] die Ausübung des Kults nicht in Händen der Priester, sondern allein beim Beterquorum von zehn religiös mündigen Männern, dem Vorbeter, einem Übersetzer, den Weisen, die die Auslegung besorgten und dem Synagogenvorsteher.

Die jüdische Kommentarliteratur bezeichnet die Synagoge als „Bet Mikdasch me'at" – ein kleines Heiligtum, aber doch dem Tempel nicht ebenbürtig und auch kein geweihter Ort. Der griechische Begriff Synagoge bedeutet zunächst einmal nur Versammlungsort, hebräisch Bet haKnesset[3]. In ihr wird gebetet, Tora gelesen, sich versammelt, gelernt, sich ausgetauscht, „gegessen und geschlafen" (Pessachim 101a). Ein jeglicher Raum – sofern er sauber und trocken und somit geeignet ist – kann als Versammlungsort, als Bet haKnesset dienen, selbst ein normaler Wohnraum[4].

Die Synagoge sollte im Idealfalle[5] an einer erhöhten Stelle stehen – klar unterscheidbar von regulären Bauten. Es soll damit angedeutet werden, dass hierin die Awoda schebaLew verrichtet wird. Außerdem sollte sie nach Jerusalem hin ausgerichtet sein[6] – dem Ort des vormaligen Tempels. Es wird also zwischen geografischem Ort und Himmelsrichtung „Osten" unterschieden. Für die Synagoge ist stets – und wo immer auf der Welt sie steht – der konkrete geografische Ort gemeint, nicht die aufgehende Sonne. Eine Synagoge kann überall stehen, selbst im Freien[7]. Eine Ausnahme bildet der Friedhof. Tote gelten im Judentum als unrein und tun nach jüdischem Verständnis nicht das, was die Lebenden können – Gott loben, wie es heißt: „Lo haMetim jehallelu Jah"[8].

Neben der Gebetsrichtung Jerusalem, die an den Tempel erinnert, sind es noch viele andere Aspekte, mit denen in der Synagoge die Erinnerung an den Tempel wachgehalten wird. So weist der Aron haKodesch, die Lade, in der die Torarollen aufbewahrt werden, und der nach der biblischen Bundeslade[9] benannt ist, nach Jerusalem. Speziell hier ist der Synagogenraum verziert, hier hängt das Ner Tamid, die Ewige Lampe, die über dem Aron haKodesch angebracht ist. Außerdem wird in Synagogen – wie überhaupt in traditionellen jüdischen Häusern – eine Stelle an der Wand unverputzt belassen, um an die Zerstörung des Tempels in Jerusalem zu erinnern. Die Synagoge und im Übrigen auch der Gottesdienst in der Synagoge sind so von Anbeginn fest mit dem Tempel in Jerusalem verbunden. Dies gilt auch für moderne Synagogen, wie sie seit der Mitte des 19. Jahrhunderts in ganz Europa und vor allem den USA entstanden sind.

Synagogen orientieren sich oftmals stark in Ästhetik und Form an der sakralen wie nichtsakralen[10] Architektur ihrer Umgebung – und sind also fast völlig frei in ihren Grundrissen. Im 19. Jahrhundert entsteht im deutschsprachigen Raum eine wahre Blütezeit, in der die Orgel, die auskomponierte Liturgie, der Bel-Canto-Chasan und der teils sogar bereits

[1] Hebräisch für Opfergabe des Herzens, Talmud Bawli, Ta'anit 2a.
[2] Encyclopedia Meir Nativ LeHalichot uMinhagim belsrael, Givataim 1960.
[3] Sämtliche hebräische Begriffe sind im Folgenden phonetisch transkribiert.
[4] Isaac Bashevis Singer beschreibt den Wohnraum seiner Familie in Warschau als Synagoge und zugleich Lehrstube.
[5] Mischna Schabbat 11:1, Talmud Megilla 29a.
[6] Mischna Brachot 30.
[7] Beispielsweise die Klagemauer in Jerusalem, die noch erhaltene Westmauer des jüdischen Tempels.
[8] Jes 38:18, der im Hallel-Gebet zitiert wird.
[9] Exod. 25:10 et al.
[10] Z. B. Burgen und Festungsanlagen in Polen.

gemischte[11] Chor Elemente des Gottesdiensts werden und so die Liturgie der sie umgebenden christlichen Mehrheitskultur widerspiegeln. Trotzdem wird man in Synagogen keine Statuen und keinen Altar[12] und auch keine Heiligenbilder[13] finden. Verbreitet sind jedoch Zitate aus der Bibel, Ornamente, Tiersymbole oder auch Teile des Gebets an der Wand.

In welchem Spannungsfeld standen und stehen Synagoge und der zerstörte Tempel? Die beiden Tempel in Jerusalem waren dem Verständnis nach Ort der Schechina gewesen, der göttlichen Gegenwart. Fragen, vor denen die jüdische Gesellschaft nach der Zerstörung stand, waren u.a.: Was geschieht mit der Schechina und wo finden wir sie? Wie können wir uns entsühnen? Die Peruschim, die Pharisäer, suchten nach Wegen, mit denen das Volk den Tempel überwinden konnte. Statt „sola scriptura" betonten sie die Wichtigkeit der schriftlichen wie der mündlichen Lehre[14] und legten den Grundstein für die spätere rabbinische Methodik – Studium und Diskussion. So konnte an die Stelle des konkreten Sühneopfers das Gebet gelangen und die Heiligung durch das Einhalten der rituellen und ethischen Gebote erreicht werden. Die – gleichwohl exilierte – Schechina fand ihren temporären Platz im Beterquorum, dem Minjan[15]. Die Vorstellung eines dritten Tempels wurde an das Kommen eines Messias geknüpft, mit dem auch das Exil des jüdischen Volkes ein Ende haben sollte. Diese Themen sind es, welche die nachfolgenden Generationen exilierter Juden beschäftigen. Je nach Zeit und Umstand fallen die Fragen, die Art des Umgangs mit diesen Traditionen und auch deren Herausforderung sehr verschieden aus, was sich recht anschaulich an Synagogenbauten im Laufe der Geschichte ablesen lässt.

Die besonderen Merkmale einer Synagoge

Synagogen sind eingebunden in ein Ensemble an Gemeindeeinrichtungen, sie sind aber nicht unverzichtbar und stellen auch keine Voraussetzung zur Gründung einer jüdischen Gemeinde dar, anders als Mikwe und Friedhof. Zum Gesamtkomplex kann ein Lehrhaus gehören, ein Altenheim, eine Religionsschule, ein Krankenhaus und ein Administrativtrakt. Die Synagoge in ihrer einfachsten Ausstattung und Form kann ein rechtwinkliger Raum sein, an dessen Ostwand eine Nische oder ein kleiner Schrank ist, in dem eine oder auch mehrere Torarollen aufbewahrt werden. Hinzu kommt ein Pult, das dem Vorbeter zur Leitung des Gottesdiensts dient, der Amud. Ein weiteres, größeres Pult schließt sich an, Bima oder Almemor genannt oder in einer sephardischen Synagoge Tewa. Die Lage der Bima im Raum ist abhängig von der Frage, ob es eine sephardische oder eine aschkenasische Synagoge ist und ob sie dem orthodoxen oder liberalen Ritus angehört. Außerdem sind an den Seitenwänden nicht selten Jahrzeittafeln zum Gedenken an verstorbene Gemeindemitglieder angebracht.

Die Mesusa

Am Eingang jeder Synagoge, aber auch jedes traditionellen jüdischen Hauses und sogar in der Wohnung selbst, ist eine kleine Kapsel schräg angebracht, deren Spitze sich in Richtung Innenraum neigt – die Mesusa. Wie Gebetsriemen und Schaufäden ist das Gebot der Mesusa der Bibel entnommen und steht im 5. Buch Moses, 6:5–9, das um zwei weitere Teile vergrößert das Sch'ma Israel ergibt, ein zentrales Gebet der jüdischen Liturgie: „Höre Israel, der Ewige ist unser Gott, der Ewige ist einzig." Von diesen Worten heißt es weiter: „Schreibe sie an die Pfosten deines Hauses und deiner Tore." Der erste Abschnitt dieses dreiteiligen Gebets ist denn auch in der Mesusa enthalten. Viele küssen die Mesusa im Vorübergehen.

Aron Hakodesch und Parochet

Eine traditionelle Synagoge hat zwei Schwerpunkte – einer davon ist der Aron haKodesch, benannt nach der biblischen Bundeslade. Er ist normalerweise an der Seite angebracht, die nach Jerusalem zeigt und ist entweder ein Schrank oder einfach in eine Nische in der Wand eingelassen. In ihm sind die Torarollen enthalten. Sein Schmuck ist ein Vorhang, der Parochet, auf dem Bibelzitate und sogar bildliche Darstellungen vereint sein können. Besonders häufig findet sich darauf der Löwe von Jehuda[16], die Torakrone[17], der siebenarmige Leuchter, der im Jerusalemer Tempel beim Allerheiligsten stand, oder auch die beiden

[11] Der Chor der Neuen Synagoge Oranienburger Straße in Berlin stand ab 1916 auch Frauen offen.

[12] Ein Altar war wegen des fehlenden Opfers nicht notwendig, wohl aber finden sich Altarräume wie in der Neuen Synagoge in der Oranienburger Straße in Berlin aus dem Jahre 1866.

[13] Synagogen mit Innenbemalung gibt es seit der Antike – im muslimischen Umfeld ornamental, im christlichen durchaus figürlich im Hinblick auf Tierdarstellungen (Hasen, Löwen, Hirsche u.a.).

[14] Im Talmud finden wir dies im Traktat Schabbat 30a anhand der exemplarischen Gegenüberstellung eines Nichtjuden und des Gelehrten Hillel sehr plastisch dargestellt.

[15] Hannah Liss: Elazar Ben Yehuda Von Worms – Hilkhot Ha-Kavod. Die Lehrsätze von der Herrlichkeit Gottes, Tübingen 1997, 93.

[16] Jerusalem war die Hauptstadt des Reichs Jehuda.

[17] Die ist vor allem im aschkenasischen Judentum ein Symbol für die Würdigung der Tora.

Säulen, Jachin und Boas. Im Falle der zitierten Menora umrahmt diese Darstellung oft abstrakte ornamentale Motive[18] oder auch die Bundestafeln mit den stilisierten Zehn Geboten. Gelegentlich sind der Stifter genannt oder auch die Gemeinde, die ihn besitzt, außerdem das Datum und der Anlass, aus dem er gestiftet worden ist. Diese Stiftungstexte sind entweder in Hebräisch oder in der Landessprache gehalten, teils in hebräischen Lettern. Beispielhafte Sätze wären „Da lifne mi ata omed", „Ez chajim hi la-Machasikim ba" oder „Schiwiti lAdonai kenegdi tamid" oder auch „Ki miZion teze Tora uDwar Adonai miJeruschalaim"[19].

Bima und Amud

Zweiter Schwerpunkt des Raumes ist die Bima, ein breites und leicht erhöhtes Pult, das meist durch ein Geländer eingegrenzt ist. Von hier aus wird der Gottesdienst geleitet und auch die Tora verlesen. Die Bima in der Mitte, im vorderen Drittel des Raumes oder auch am anderen Ende entgegengesetzt zum Aron Hakodesch, erklärt sich besonders mit dem Ziel, die Toralesung für alle Beter akustisch gut verständlich werden zu lassen[20]. Auch sind Prozessionen mit der Tora oder auch dem Lulaw zu Sukkot so in die Mitte der Gemeinde verlegt. Deutlich aber wird damit auch, dass der Vorbeter genauso Beter ist wie die übrigen Anwesenden und nur seine momentane Funktion ihn aus der Menge hervorhebt. Der Amud ist ein kleines Pult direkt vor dem Aron haKodesch. Hier steht der Vorbeter, wenn er den Teil des Gottesdiensts leitet, der außerhalb der Toralesung liegt.

Ner Tamid

Oftmals oberhalb des Toraschreins angebracht ist eine kleine Lampe – die Ewige Lampe, das Ner Tamid. Früher zumeist durch Öl genährt, flackert es heute elektrisch und stellt eine klare Verbindung zum Jerusalemer Tempel her, dessen siebenarmigen Leuchter, die Menora, es zitiert.

Mechiza

In traditionellen Synagogen sitzen Männer und Frauen voneinander getrennt. Diese Trennung kann unterschiedlich gestaltet sein – Frauen sitzen im Nebenraum, Frauen sitzen auf einer Empore, Frauen sitzen zwar auf gleicher Höhe mit den Männern, sind aber für diese durch eine Trennwand unsichtbar gemacht. Diese Trennwand heißt Mechiza und wird erstmals aus Anlass eines Zeremoniells im Jerusalemer Tempel beschrieben: Die Lesung aus der Tora durch den König, Hakhel[21] genannt, die alle sieben Jahre im Vorhof der Frauen stattfand und sich an das gesamte Volk richtete. Zur tatsächlichen Verwendung und auch Höhe der Mechiza gibt es unterschiedliche Meinungen und Vorschriften. Im aschkenasischen Raum kann man strenge Auslegungen finden, die Frauen ganz und gar unsichtbar werden lassen. In liberalen und konservativen Synagogen mit gemischter Sitzordnung fehlt die Mechiza.

Misrach

Die Mischna[22] verlangt, dass ein Jude, der in der Diaspora betet, sich dazu nach Jerusalem wenden soll. Diese Richtung fällt zweifellos überall auf der Welt anders aus – im Okzident läuft es zumeist auf Ost-Südost hinaus und wird Misrach genannt, Hebräisch für Osten, gemeint ist aber der geografische Ort und nicht die Himmelsrichtung. In seiner Nähe sind oft Plätze für Rabbiner und Würdenträger.

Nichtarchitektonisches in der Synagoge

Eine traditionelle Synagoge enthält wenig architektonisch Benennbares, dafür aber mehr bewegliche Objekte.

Torarollen

Das zentrale Buch des Judentums ist die Tora. Sie befindet sich im Aron haKodesch und hat eine spezifisch Form: Der Text der Fünf Bücher Moses ist handschriftlich durch den Toraschreiber im Blocksatz auf Pergament geschrieben und auf zwei runde Hölzer aufgezogen, den Azej Chajim[23]. Besonders auffallend ist sein grafisches Erscheinungsbild. Er enthält den bloßen Konsonantentext[24] – fast alle diakritischen Informationen fehlen. Die notwendigen Informationen wären: Vokalzeichen, Betonung und Ta'amei haMikra[25] – Zeichen, die besonders die Syntax des Texts unterstreichen und nur mittelbar die Dynamik. Auch sind darin weder Bilder, Verzierungen, Kommentare

---

[18] So wird mithilfe von Symbolen eine konkrete Darstellung des Innersten im Allerheiligsten vermieden.

[19] Wisse, vor wem du stehst, Ozar Hamidraschim 27:18; Die Tora ist ein Baum des Lebens für diejenigen, die daran festhalten, Mischle 3:18; Der Ewige ist beständig vor mir Ps.16:8; Von Zion geht aus die Tora und das Wort Gottes von Jerusalem, Jes. 2:3.

[20] Maimonides Hilchot Tefilla.

[21] Deut.31:12.

[22] Mischna Berachot 4:5.

[23] Hebr. Baum des Lebens. Der Ausdruck stammt aus Gen 2:9, Mischle 11:30 u. a. Beim Einheben der Tora wird zudem eine Hymne zu den Worten „Etz Chayim hi laMachasikim ba" gesungen. Siehe Anm. 18.

[24] Hebräisch ist – wie Arabisch – eine Schrift, der die Vokale fehlen. Erst die sogenannten Masoreten haben im Mittelalter Vokale und Betonungszeichen eingefügt.

[25] Kantillationszeichen.

noch Noten enthalten. Das Layout ist verbindlich. Eine Tora wird nie unbekleidet aufbewahrt. Immer trägt sie einen Mantel[26], Silberschmuck um den Korpus oder noch zusätzlich auf den Holzspitzen. Um sie zu fixieren, wird ihr eine Binde umgelegt, Torabinder, Mappá oder Wimpel genannt. Da die Tora durch den Leser nicht direkt berührt werden soll[27], ist üblicherweise noch ein Torazeiger beigefügt, die Jad. Weil der handgeschriebenen Torarolle viele wichtige Informationen zur Wiedergabe fehlen – sie ist nach dem traditionellen jüdischen Verständnis die n-te Abschrift des am Berg Sinai durch den Ewigen diktierten und Moses niedergeschriebenen Bibeltext und enthält den Konsonantentext – kann man sie nicht spontan lesen, sondern muss sie mit allen Akzidenzien vorbereiten. Diese Herangehensweise unterstreicht die Wichtigkeit einer mündlichen Vermittlung. Außerdem erfordert es Kenntnis von hebräischer Sprache und Schrift, von syntaktischen Zeichen und deren musikalischer Umsetzung und ein gutes Gedächtnis. Die Toralesung erfolgt im Rahmen des Toragottesdiensts, einem Segment im Gesamtgottesdienst. Es gibt drei Arten der Lesung: wochentags[28], Schabbat und Festtage. Die Lesung an Schabbat und den Wochentagen verläuft über ein Jahr, in 54 sogenannte Wochenabschnitte unterteilt. Dem stehen die Festtagslesungen gegenüber, die jeweils aus den feiertagsbezogenen Segmenten bestehen.

Gebetbücher

An einer Seite des Raumes befinden sich üblicherweise Bücher – neben rabbinischen Kommentarwerken und Bibeln sind es zwei Arten von Gebetbüchern: Siddur und Machsor. Während der Siddur das tägliche Gebet und den Schabbat abdeckt, enthält der Machsor die Liturgien von Hohen Feiertagen[29] und Wallfahrtsfesten. Beide sind normalerweise schmucklos[30] und enthalten keine Noten, obwohl der Gottesdienst melodisch ist. Ihre Sprache ist üblicherweise Hebräisch mit oder ohne Übersetzung in die Landessprache. Sie umfassen traditionell die synagogale wie häusliche Liturgie.

Gebetskleidung

In vielen Synagogen findet man Kopfbedeckungen und Gebetsschals am Eingang. Im öffentlichen wie häuslichen Gebet trägt ein jüdischer Beter diese speziellen Kleidungsstücke: die Kippá, den Tallit[31] und die Tefillin[32]. Der bedeckte Kopf ist dabei ein Zeichen der Ehrerbietung vor dem Ewigen und als solcher auch im Orient weit verbreitet. Die Tefillin hingegen leiten sich vom Sch'ma Israel ab, einer Art Glaubensbekenntnis[33], das in seinen drei Teilen dem Toratext entnommen ist[34]. Dort heißt es: „Und binde sie (die einleitenden Worte des Sch'ma) dir zum Zeichen um den Arm und lege sie dir zwischen die Augen". Die Tefillin werden nur wochentags im Morgengebet getragen. Der Tallit ist wieder ein zumeist rechteckiges Tuch mit Streifen, dessen Hauptmerkmal jedoch vier lange Fransen an den vier Ecken sind – die Zizijot. Gehört das Tuch selbst zum Repertoire der Bekleidung im antiken Mittelmeerraum und ist es ohne religiöse Bedeutung, sind die „Zizit" wieder dem Sch'ma Israel entnommen, in dessen dritten Teil es heißt: „Mache dir Zizit an die Ecken deiner Kleidung, damit ihr erinnert (Anm. „dass der Ewige, euer Gott, Einer ist")". Tragen religiöse Juden die Kippá jederzeit, so kommen die Tefillin dazu, wenn ein Jude Bar Mizwa und damit zum Minjan gezählt wird. Den Tallit findet man wochentags und oft erst bei verheirateten Männern, er wird aber durchaus schon durch den Bar Mizwa verwendet.

Der Minjan

Die Voraussetzung für einen jüdischen öffentlichen Gottesdienst ist ein Minjan[35] – ein Quorum aus zehn erwachsenen Personen. Obwohl das private Gebet wichtig ist, hat das öffentliche Gebet einen höheren Stellenwert[36] und ist auch Voraussetzung für eine Reihe von Handlungen, die privat nicht durchführbar sind. So braucht man z. B. einen Minjan, um zum Gebet aufzurufen, aus der Tora vorzulesen und das Kaddisch zu sprechen. Juden beten dreimal täglich[37] – morgens, nachmittags und abends. An Feiertagen kommt ein zusätzliches Gebet in Erinnerung an das festtägliche Zusatzopfer im Tempel dazu. Zum

---

26 Sefarden halten sie in einem Gehäuse.

27 Nach jüdischem Verständnis kann die Tora nicht verunreinigt werden. Somit können religionsrechtlich selbst menstruierende Frauen die Tora nie verunreinigen. Siehe hierzu Rabbi Monique Suskind Goldberg: Women in the Minyan and as Shlikhot Zibbur, Jerusalem 2006.

28 So an Montagen und Donnerstagen. Talmud Jeruschalmi Megilla 84 sagt, es sollen keine drei Tage vorüberziehen, ohne dass man die Tora hört. Mechilta Schmot 15, 22.

29 Rosch Haschana/Neujahr und Jom Kippur/Versöhnungstag.

30 Im Mittelalter finden sich kolorierte Ausgaben für den Vorbeter.

31 Der Vorbeter trägt ihn immer, außer am Fastentag Tischa beAw, einem Trauertag im Gedenken u. a. an die Zerstörung der beiden Jerusalemer Tempel.

32 Gebetsriemen.

33 Der jüdischen Liturgie fehlt eigentlich ein Glaubensbekenntnis, das Sch'ma kann als solches gelten.

34 Dtn 6,4; Dtn 11,13–21; Num 15,37–41.

35 Hergeleitet von hebr. maneh – zählen, abzählen – sieht es Talmud Megilla 23a als Voraussetzung für die Erfüllung von „Dwarim schebiKedusch" – heiligen Angelegenheiten.

36 Mischna Megilla 3.

37 Schacharit, Mincha, Maariw. Auch sie beziehen sich auf das Opfer im Tempel.

Minjan zählt jeder, der Bar Mizwa gewesen ist, bzw. in liberalen Synagogen auch die Mädchen nach der Bat Mizwa, und der berechtigt ist, das Gebet anzuleiten.

Neuerungen

Im Jahr 1937 stellte die jüdische Gemeinde zu Berlin einen Rabbiner ein, den es zwar in dieser Form schon gegeben hatte: einen Seelsorger, Lehrer, jüdischen Denker, Akademiker und Prediger, nur war dieser Rabbiner diesmal eine Frau: Regina Jonas hatte in Berlin an der Hochschule für die Wissenschaft des Judentums studiert und 1935 ihre Ordination zum Rabbiner erlangt. Wären die historischen Umstände andere gewesen und hätten Juden nicht andere Sorgen gehabt als sich über eine Rabbinerin zu entsetzen, hätte dieses Ereignis sicherlich weitaus höhere Wellen geschlagen. Ihrem Beispiel sind zahlreiche Frauen gefolgt, allerdings erst viele Jahrzehnte später. Erst 1972 wurde in den USA wieder eine Frau ordiniert[38]. Inzwischen gehört die Rabbinerin im liberalen und einem Teil des konservativen[39] Judentums regelmäßig zum Synagogenpersonal, auch Kantorinnen und Vorbeterinnen. Frauen werden zur Tora aufgerufen, verlesen sie öffentlich, der Minjan kann gemischt sein, die Mädchen feiern ihre Bat Mizwa[40] und lesen öffentlich aus der Tora – all dies gehört heute zum jüdischen Spektrum, in der Diaspora wie in Israel. Heute gelten außerdem Kippá, Tallit und Tefillin[41] nicht mehr als rein männlich konnotierte Kleidungsstücke und viele Frauen tragen sie selbstverständlich in liberalen wie konservativen Gottesdiensten.

Vor Regina Jonas hatte das Berufsbild des Rabbiners in Deutschland schon einige tiefgreifende Veränderungen erfahren: Im 19. Jahrhundert predigte er erstmals Hochdeutsch. War er zuvor Rechtsgelehrter und Lehrer – predigende und im Gottesdienst interpretierende Gelehrte gab es schon in der Antike –, so wandelt er sich auch in seiner Kleidung[42] sichtbar zu einer jüdischen Variante des christlichen deutschen Klerus.

Hat die Synagoge traditionell einfache Strukturen rund um ihre wesentlichen Elemente Aron haKodesch und Bima, so treten zu Beginn des 19. Jahrhunderts Veränderungen auf, die als Spiegel von Emanzipation, Sehnsucht nach Reformen und der Öffnung gegenüber einer Mehrheitskultur verstanden werden können. So verwächst die Bima mit dem Aron haKodesch und etabliert damit eine Hierarchie zwischen aktivem professionellen Synagogenpersonal[43] und passiven Betern. Orgel und Chor halten Einzug in die Synagoge, die Liturgie wird auskomponiert und mehrstimmig und das Gebetbuch enthielt zunehmend die Landessprache, Deutsch.

Sind im Mittelalter besonders Synagogen zu finden, die sich eher unauffällig an Wohnhäuser anschmiegen oder zwar frei stehen, aber doch sehr einfach gebaut sind, so erlebt der Synagogenbau besonders ab dem 19. Jahrhundert eine regelrechte Blütezeit. Die Synagoge wird sichtbar und vollzieht zugleich eine Umdeutung – die Neue Synagoge in der Berliner Oranienburger Straße zitiert beispielsweise in ihrem Grundriss den Tempel in Jerusalem mit seinen Vorhöfen und spielt mit gleich mehreren bis dahin geltenden Tabus, den Tempel und seine Kultgegenstände nicht zu zitieren. Die Gemeinde signalisiert damit auch, dass die Diaspora nun ihr Zuhause ist. In dieser Zeit des Aufbruchs und der Herausforderung durch die Moderne und im Lichte der Aufklärung differenzieren sich neue Strömungen im Judentum heraus – Reformjudentum und Liberales Judentum. Sie betonen mehr die ethischen und universalistischen Werte und weniger die Halacha und die bis dahin dominante rabbinische Literatur, die sie verwerfen. Sie skizzieren das Judentum stärker als Glauben und weniger als eine praktische Existenzform. Auch verlagern sie das Ritual zunehmend in die Synagoge. Da das Judentum dynamisch ist, besitzen die Veränderungen keinen Status quo, sondern sind Teil eines Prozesses, der sich auch weiterhin vollzieht. Inzwischen hat das liberale Judentum die rabbinische Literatur wiederentdeckt, diskutiert sie jedoch aus einer aufgeklärten, textkritischen und theologischen Warte.

Synagogenpädagogik

Der Begriff Synagogenpädagogik existiert eigentlich nicht. Man könnte ihn als Variante, Adaption oder Erweiterung der recht jungen Kirchenpädagogik beschreiben. Diese steht im Zusammenhang mit einer zunehmend säkularen Gesellschaft, in der es notwen-

38 Sally Priesand am Hebrew Union College, Cincinnati.

39 Insgesamt hat das Judentum drei Hauptströmungen: Orthodoxie, Konservatives und Liberales Judentum. Sie unterscheiden sich u. a. hinsichtlich der Rolle der Frau, des Religionsgesetzes und der Betonung der rabbinischen Tradition.

40 Die Bat Tora und die Toralesung für die Bat Mizwa in einem Frauenminjan sind eine orthodoxe Variante.

41 Von Rabbi Schlomo Itzchak Raschi, dessen Kinder allesamt Töchter waren, wird erzählt, er habe sie Tefillin tragen lassen.

42 So enthält die Berufskleidung Rabbiner Dr. Abraham Geigers protestantische Beffchen, eine katholische Stola, gefaltet aus dem einzigen jüdischen Kleidungsstück, dem Tallit, aus dem sich eine deutsche Variante des Tallit entwickeln sollte und zuletzt die Kopfbedeckung eines preußischen Richters.

43 Rabbinern, Kantoren, Chor, Gabbaim, Schammes.

dig geworden ist, sakrale Räume zu erklären, erneut oder überhaupt zu entdecken. Synagogen müssen heute häufig auch von jüdischen Kindern und Jugendlichen wie auch von jüdischen Erwachsenen entdeckt werden.

Talmud Tora

Eine der besonderen Leistungen der Pharisäer im Tempel hatte in der Einrichtung eines Bildungswesens bestanden, das seit der Antike die gesamte jüdische Gesellschaft in ein Netzwerk von Schulen und Studieneinrichtungen – Talmud Tora und Jeschiwa genannt – einband. Indem sie das Wissen[44] von einer elitären Priestergesellschaft in die Hände des Volkes gaben und neben der schriftlichen Tradition die mündliche betonten, leisteten auch sie ihren Beitrag dazu, dass das Judentum Kontinuität über den Tempel hinaus gewinnen konnte. Das Bildungswesen gestaltete sich regional durchaus verschieden. So lag das Eintrittsalter in Aschkenas bei drei und in Sepharad bei sechs Jahren und auch die jeweiligen Curricula hatten unterschiedliche Schwerpunkte. Beide waren bis in Einzelheiten stark normiert – so lernte das Kind nicht nur entlang spezifischer Literatur, auch die Texte wurden in einem Singsang gelernt. Grundlage der gesamten Unterweisung waren die Tora und ihr Kommentar und die dazugehörigen Sprachen – Hebräisch und Aramäisch, die die Kinder bei Lernbeginn erlernen. Die Finanzierung einer solchen Unternehmung besaß oberste Priorität, damit jeder ungeachtet seines Stands in den Genuss dieser – in ihrer Anlage lebenslangen – Bildung kommen konnte, auch Waisen[45]. Einzig die Mädchen waren in aller Regel hiervon ausgenommen, so dass deren Unterweisung privat stattfinden musste.

Dieser Imperativ hat bis heute seine Gültigkeit, wie allein das Ergebnis der Suche nach Lehrmaterialien für jüdische Kinder bezeugt. Bildung ist eine der Grundsäulen einer jüdischen Gesellschaft und dieses Verständnis findet sich bereits in der Tora selbst, wo es heißt[46]: „Wehigadeta leWincha" – Du sollst deinem Sohn erzählen/vermitteln.

Bildung in der Synagoge

Durch das traditionelle Bildungssystem und auch durch eine traditionelle Gesellschaft, die sich teils durch ihre schwierige Position als Minderheit erklärt, teils durch die Rolle, die Traditionen ganz allgemein in Gesellschaften gespielt haben, waren jüdische Kinder in aller Regel selbstverständlich eingebunden in ein rituelles Leben zuhause und in der Synagoge. Anlässlich ihrer Bar Mizwa bewiesen die Jungen zudem, dass sie über die Techniken und über das Wissen verfügten, nun ihre Rolle in der Gemeinde als aktiver Teil des Minjan zu erfüllen, indem sie die öffentliche Toralesung sowie Teile des Gebets übernahmen und außerdem sich in einer Diskussion beweisen mussten.

Vor dem Hintergrund eines Konglomerats aus Assimilation im 19. Jahrhundert, Schoa, Stalinismus, Säkularisierung, Mängel in der Bildungsstruktur und fehlende Visionen der Nachkriegsgemeinden, Konversionen zum Judentum, aber auch der Tatsache, dass von jeher Judesein nicht notwendigerweise religiös begriffen werden muss, sind die Ursachen dafür, dass jüdische Gemeinden heute ihre Kinder und Jugendlichen planmäßig zu Gottesdiensten und auch zu Führungen laden. Ähnlich setzt auch die Erwachsenenbildung an. In der Synagoge kommen hierzulande einige oft erstmals mit dem religiösen Teil des Judentums und mit der hebräischen Sprache in Berührung.

Synagogenführung

Bisher gibt es zwei Arten der Synagogenführung: solche, die in aktiven Synagogenräumen stattfinden und zumeist durch den örtlichen Rabbiner oder geschultes Personal einer jüdischen Gemeinde durchgeführt werden und solche, die in ehemaligen Synagogen angeboten werden. Sie sind eigentlich Museumsführungen und verfolgen einen eher kulturhistorischen Ansatz, in dem das Synagogengebäude in seinen ästhetischen Rahmen eingeordnet wird. Auf die Praxis geht aber eher die erstere Führungsart ein.

Museumsführungen haben in den vergangenen Jahren neue Formen erprobt, die sich an Kinder und Jugendliche richten und insgesamt interaktiver gestaltet sind, die aber auch Erwachsenen helfen können. So können Kinder heute die mittelalterliche Synagoge in Erfurt als Entdeckungsreise in das Leben von Juden im Deutschen Mittelalter erfahren. Der interaktive und biografische Ansatz sieht auch ein Köfferchen mit Dingen aus dem rituellen Alltag des Judentums vor und ist besonders hilfreich, den Teilnehmern die Feste und Rituale durch konkrete Objekte und Personen nahezubringen.

Synagogenführungen können neben reinem Faktenwissen einen Beitrag dazu leisten, dass Juden und Judentum nicht allein im Kontext von Verfolgung, Ermordung gesehen werden – vielmehr als lebenszugewandte Existenzform und als religiöse Identität, neben der Vielzahl anderer Facetten des Judenseins.

---

[44] Eigentlich obliegt dem Vater die Pflicht, sein Kind zu unterweisen (Talmud Baba Batra 21a). Kann er es nicht, muss er einen Lehrer finden.

[45] Dies ist der Idealfall.

[46] Ex. 13:8 Von der Verpflichtung zu lehren und zu lernen, lesen wir auch im Sch'ma Israel und nicht zuletzt in der Kommentarliteratur.

4. Schulen als interreligiöse Räume – interreligiöse Räume[1] in Schulen

Bärbel Beinhauer-Köhler

Mit wachsender Intensität beschäftigen sich Schulklassen mit dem Unterrichtsthema Sakralraum, wie die vorliegende Publikation zeigt. In Exkursionen werden zur Herausbildung eigener Identitäten und religionsvergleichend entsprechende Architekturbeispiele besucht und erkundet, werden Spezifika der Räume diskutiert. Und nicht selten werden in Schulen selbst, aus unterschiedlichen Motivationen heraus, Räume eingerichtet, die man im weiteren Sinne als „interreligiös" bezeichnen könnte. Die architektonische Gestaltung von „Raum" im Kontext von Religion ist also ein vielfältiges Thema, das neben seinem Zuschnitt als Unterrichtsobjekt nicht losgelöst von den Identitäten der Lernenden und Lehrenden betrachtet werden kann, ebenso wenig wie von den besonderen Bedingungen von Schule als Ort dieser Aktivitäten. Entsprechend soll der folgenden Reflexion über architektonische interreligiöse Räume an Schulen das Nachdenken über Schule als kulturell und religiös pluraler Ort vorangestellt werden.

Schulen als soziokulturelle Räume und der Stellenwert von Religionen

Weltanschaulicher und kultureller Pluralismus mit hybriden Formen ist ein empirisches Phänomen der modernen Gesellschaft. Schulen sind in diesem Sinne soziokulturelle Räume, in denen Menschen mit unterschiedlichsten Daseinshaltungen miteinander leben und arbeiten – gewöhnlich, ohne dass diese Haltungen im Vordergrund stünden. Dies korrespondiert mit der öffentlichen Trägerschaft von Schulen und der verfassungsgemäßen Entscheidung, keine Religion staatlich vorzugeben.
Dem steht eine historisch ältere, ebenfalls im Schulalltag manifeste Tradition gegenüber, nämlich der Prägung unserer Gesellschaft mehrheitlich durch christliche Konfessionen. Auch dies findet sich in institutioneller, rechtlich abgesicherter Form im Schulalltag. Über Staatskirchenverträge liegt die inhaltliche Hoheit über den Religionsunterricht in Hand der großen Kirchen. Mit evangelischen und katholischen Religionslehrerinnen und Religionslehrern arbeiten in der Regel vor allem „religiöse Spezialisten" einer Religion in einer Schule. Ob auch andere Religionen in dieser Weise repräsentiert sind, hängt stark von Bundesland und Ort ab.

Allein dies führt zu einer sehr gemischten Trägerschaft und eigentümlichen Dynamiken, bezogen auf schulische kulturelle und religiöse Pluralität. Wenn dies im vorliegenden Beitrag im ersten Teil des Titels als „interreligiöser Raum" bezeichnet wird, dann soll damit genau einer solchen Vielfalt Ausdruck gegeben werden. Die Formulierung meint an dieser Stelle nicht bereits Interreligiosität im Sinne des „Interreligiösen Dialogs", also Interaktionen vor allem institutionalisierter Religionen. Vielmehr wird versucht, mit der Formulierung einem spezifischen „Raum" im soziokulturellen Sinne als empirischer Tatsache Rechnung zu tragen: Interreligiosität steht für die „weichen Ränder" vergemeinschafteter Religion mit Blick auf ihre Individualisierungstendenzen, wenn also etwa Einzelpersonen zwar nominell einer in Europa ansässigen Gemeinschaft angehören, aber keine religiöse Sozialisation erfahren oder sich individuell für asiatische Spiritualität interessieren, wenn Kinder aus Mischehen stammen, wenn Kinder aus Migrantenfamilien Einflüsse aus mehreren Kulturen verarbeiten müssen.[2] Immer geht es um Begegnung unterschiedlicher kultureller Systeme, die teils auch den Faktor Religion sehr unterschiedlich bewerten und durchaus unterschiedliche Perspektiven auf kulturelle Pluralität besitzen.

Die Gestaltung des schulischen Raums

Besonderen Ausdruck findet diese Situation in der Frage der architektonischen oder räumlichen Ausgestaltung von Schulen. Architektur oder die in der Raumgestaltung manifeste visuelle und materielle Kultur sind immer „Medien", die Weltanschauungen spiegeln.

---

[1] Im Hintergrund der Überlegungen steht ein gemeinsam mit Thomas Erne, Praktischer Theologe und Leiter des Kirchbauinstituts der EKD, an der Universität Marburg im Sommer 2012 durchgeführtes Seminar zum Thema. Hier wurde gemeinsam mit Studierenden eine breitere Materialbasis erhoben, mit einem Schwerpunkt auf Räumen in Schulen. Zudem soll an dieser Stelle ausdrücklich Ulrike Volke gedankt werden, die aus ihrer Erfahrung als Religionslehrerin in Darmstadt wertvolle Hinweise zur schulischen Praxis im Bereich von interreligiösem Lernen und interreligiösen Räumen beisteuerte.

[2] In der aktuellen Religionswissenschaft wird über adäquate Begriffsbildungen diskutiert, das Feld reicht von einem Aufgeben des Religionsbegriffs hin zur alles übergreifenden „Kultur", über Bezeichnungen wie den in der Religionshistorik wurzelnden, heute nicht mehr negativ konnotierten „Synkretismus", angelehnt an sozialwissenschaftliche Untersuchungen „Hybridisierung" oder ethnologische „Kreolisierung". Da der Begriff der "Religion" selbst aber sehr offen verstanden wird und ohnehin auch Wechselwirkungen zwischen traditioneller Form und Variante sowie Spannungen zwischen „sakraler Ladung" und weltlichem Geschehen umfasst, soll er hier als Überbegriff stehen bleiben.

Und gleichzeitig üben Architektur und Raumgestaltung eine besondere Wirkung aus, insofern als eine Botschaft im Extremfall „in Stein gemeißelt" ist. Regina Löw spricht in ihrem Arbeitsfeld der Stadtsoziologie von einem Machtgefüge, das in der Platzierung von Bauten im öffentlichen Raum sichtbar wird: Wo ein Rathaus gebaut wird, kann kein Sakralbau stehen, wo eine Kirche gebaut wird, kann keine Moschee mehr errichtet werden und umgekehrt.[3] Dies lässt sich sehr gut auch auf die Räumlichkeiten in einem Schulkomplex übertragen. Allein über Trägerschaften, Geldgeber, institutionell Beteiligte oder Nichtbeteiligte erhält die Schule ein Gesicht, das primär ein säkular-funktionales Gepräge haben wird, aber auch Kapellen oder „Räume der Stille" mit einschließen kann.
Auf dieser Ebene des Sichtbaren werden – wenn auch nicht täglich im Mittelpunkt der Aufmerksamkeit, so doch latent immer machtvoll wirksam – optische Zeichen der dominanten Weltanschauung und des Umgangs mit Pluralität und anderen Zeichensystemen gesetzt.

In der Regel ist eine Schule jedoch gewöhnlich kein Ort, dessen architektonische Ausgestaltung und Nutzung besonders reflektiert würden. Vielmehr bestimmen eine bunte Zeichenvielfalt und Zufälligkeit das Bild, das in der bewussten Wahrnehmung vor allem über das Auftreten ihrer Nutzer erzeugt wird. Lehrer, wie Schüler selbst setzen mit ihrer Kleidung und ihrem Habitus „Zeichen" von Identität und Zuordnung bezogen auf Peergroups, Jugendkulturen, Moden – bis hin zu Weltanschauungen.[4] Diese persönlichen „Verortungen" stehen aber nicht zuletzt auch in Wechselwirkungen mit den Zeichensätzen, die durch den gemeinsam genutzten Baukörper bestimmt werden. Hier ließe sich die Hypothese wagen, dass Jugendliche ihrer eigenen Kultur über die Kleidung Ausdruck verleihen, nicht zuletzt als Gegengewicht zu den optischen Zeichen, die die Erwachsenenwelt bereits im Baukörper setzt.

Der vorliegende Beitrag soll den Blick für diese Zusammenhänge und Dynamiken schärfen, für das im Alltag zunächst „Unsichtbare", weil wenig beachtete Gefüge der vielfältigen visuellen Kulturen[5] in ihrer Begegnung. Dies geschieht mit einem besonderen Blick auf die Ausgestaltung von religiös konnotierten Räumen, wie „Räume der Stille"[6], die auch in öffentlichen Schulen zunehmend eingerichtet werden. Diese wollen, im Gegensatz zu Kapellen, wie sie Schulen in kirchlicher Trägerschaft kennen, für alle Akteure der Schule offen sein und im übertragenen Sinne „Raum" geben für ganzheitliche Bedürfnisse nach Kontemplation oder auch Entspannung. Der Beitrag will Anregungen geben, angesichts der vielfältigen Trägerschaft über die visuelle Gestaltung solcher Orte zu reflektieren. Es geht um mehr als einen Zeichensatz, der als Minimalkonsens für unterschiedliche Religionen und Kulturen tragbar ist, wenn man etwa spezifische und andere ausgrenzende Symbole wie das Kreuz einfach ausspart. Wenn ein solcher Raum zudem einladend wirken und mit Leben gefüllt werden soll, müssen religionsästhetische Mechanismen bekannt sein.

Religiöse Räume erfahren

Sakralität – Die religiöse Praxis nahezu sämtlicher Religionen hat eigene Architekturformen hervorgebracht.[7] Diese weisen jedoch in Übereinstimmung mit Glaubenssätzen erhebliche funktionale Unterschiede auf, so ist es jeweils eine Grundfrage, ob es sich in der theologischen Deutung wirklich um einen „sakralen" Raum handelt. Während beispielsweise katholische Kirchen normalerweise in Weiheriten oder durch Einbringen von Reliquien konsekriert sind, eine Synagoge im herausgehobenen Thoraschrein mit der Thorarolle das verschriftlichte Gotteswort beherbergt, verzichten andere Religionen oder Konfessionen wie der Islam oder der Protestantismus bewusst darauf, einen Ort zu heiligen. Eine Moschee ist allein ein sauberer Platz, der für das Gebet so präpariert ist, dass dieses in körperlich reinem Zustand durchgeführt werden soll; eine evangelische Kirche ist nicht geweiht, sondern allein das in der Gemeinde gehörte Wort Gottes soll seine Wirksamkeit entfalten.
Natürlich wäre es, übertragen auf entsprechende Räume in Schulen, die Frage, wie weit diese Konstellationen Nutzern überhaupt bewusst sind. Es kann jedoch helfen, sie sich bewusst zu machen, zumal man „Heiligkeit" in der Regel nicht sehen kann, sondern diese durch erlernte Verhaltensweisen konstruiert wird. An dieser Stelle ist viel Raum für kulturelle Missverständnisse. So wäre es verfehlt, nehmen wir hypothetisch eine visuell erkennbare islamische Gebetsnische in einem Schulgebäude an, aus der Existenz der Nische

[3] Martina Löw: Raumsoziologie, Frankfurt a. M. 2001; Dies.: Soziologie der Städte, Frankfurt a. M. 2010, 50.
[4] Julia Gerlach: Zwischen Pop und Dschihad. Muslimische Jugendliche in Deutschland, Berlin 2006.
[5] Siehe etwa David Morgan: The Sacred Gaze. Religious Visual Culture in Theory and Practice, Berkeley u. a. 2005; Bärbel Beinhauer-Köhler: Gelenkte Blicke. Visuelle Kulturen im Islam, Zürich 2011.
[6] Sabine Kraft: Räume der Stille, Marburg 2007.
[7] J.G. Davies: Art. „Architecture", in: Encyclopaedia of Religion, Bd. 1, hg. v. Mircea Eliade, New York 1987, 382–392.

zu schließen, der Raum an sich sei „sakral". Denn auch die Vorstellungen und habituellen Umsetzungen von Sakralität differieren erheblich. Wenn christlich sozialisierte Kinder in einem solchen Raum angesichts der sichtbaren andersreligiösen Symbolik nur flüstern würden, wäre dies ein Zeichen vorwiegend dessen, was sie sich in Kirchen angeeignet haben. Für die muslimischen Nutzer ist eine Moschee hingegen durchaus auch ein Raum des alltäglichen Beisammenseins mit Gesprächen und einem lockeren Verhalten. Vor allem Kinder werden erst langsam an ein Einüben der Gebetspraxis herangeführt und toben selbst beim rituellen Gebet zwischen den Älteren umher. Der Raum selbst verlangt also kein besonderes Verhalten, außer die Rücksicht darauf, ihn sauber zu halten und daher nicht mit Schuhen zu betreten, damit er weiter zum Gebet zur Verfügung stehen kann.

Besondere Überlegungen verlangt eine kosmologische Einbindung eines religiösen Raumes. Hier ist ein Terminus wie „Heiligkeit" kaum angebracht, vielmehr geht es um die Erwartung des „Gelingens" einer rituellen Handlung oder der ganzen Lebenspraxis, wenn diese in kosmologische Zusammenhänge eingebunden ist. Synagogen und Kirchen wurden traditionell gen Jerusalem oder Osten gerichtet, ebenso wie Moscheen bis heute nach Mekka weisen. Angesichts dieser unterschiedlichen Konzepte ist es aber nicht möglich, eine bestimmte, allen gemeinsame Ausrichtung eines plural zu nutzenden Raums zu finden. Aber sicher ist es denkbar, die Idee der kosmologischen Einbindung aufzugreifen, durch Berücksichtigung des Lichteinfalls, durch Bezüge auf die Natur, wie etwa Ausblicke auf Gärten oder Höfe, oder Zeichen, die die Richtung Mekka anzeigen.

Es wäre eine naheliegende Überlegung, bei Wunsch nach einem von mehreren Gemeinschaften paritätisch zu nutzenden Raum auf eine Sakralisierung im engeren Sinne der Konsekrierung katholischer Kirchen zu verzichten. Denn sind diese Formen existent, so lässt sich kaum mehr eine offene Nutzung durch Andersgläubige arrangieren, ohne dass Asymmetrien entstehen. Trotz der positiven Chancen im Rahmen des für kirchliche Räume diskutierten Prinzips der Gastfreundschaft,[8] bliebe ein solcher Raum ein monoreligiöser Raum, umso mehr, wenn etwa ein schulischer Religionslehrer oder Schulseelsorger für die Betreuung des Raumes zuständig ist. Hier liegt sicher ein Dilemma begründet, denn genau diese Personenkreise, die durch die Staatskirchenverträge ihrer Konfession verpflichtet sind, sind aufgrund ihres persönlichen interreligiösen Engagements die Initiatoren auch für andere offener Schulräume.

Ein weiteres Dilemma liegt in der Raumsituation von Schulen. Schulseelsorgerinnen und Schulseelsorgern werden seitens der Schule Räume zur Verfügung gestellt, in der Regel aus Kostengründen diejenigen, die anderweitig nicht zu nutzen sind. Diese haben nicht nur per se keine sakrale Anmutung, sondern es ist eine besondere Herausforderung, ihnen durch die spezifische Einrichtung überhaupt eine besondere „Stimmung" abzuringen.

Zeichen und Symbole mit Bedeutung – Die Überlegungen zu Sakralität deuten es an: Es gilt, nicht nur inklusivierende oder exklusivierende Zeichen und Symbole zu durchdenken. Auch die angenommene Wirkmächtigkeit der Zeichen differiert: Ist eine Christusdarstellung für Protestanten ein Zeichen der eigenen Erinnerungskultur und Identität, so ist sie für Orthodoxe eine Repräsentation Gottes; kann eine Bibel neben anderen Schriften locker in einem Bücherregal stehen, behandelt man einen Koran als Trägermedium des Wortes Gottes mit äußerstem Respekt, und in Familien wird beispielsweise eingeübt, keinesfalls beim Sitzen mit den Fußsohlen in Richtung dieses Buchs zu deuten.

Schriften, Kreuze, Siebenarmige Leuchter, Gebetsteppiche, Rosenkränze und Kerzen können pragmatisch natürlich durchaus in einem Schrank aufbewahrt und nach Bedarf durch ihre Nutzergruppe hervorgeholt werden. Damit liegt jedoch oft ein Bruch mit üblichen Formen vor, wenn diesen Gegenständen eine eigene Wirkmächtigkeit zugesprochen wird und ihr üblicher Ort eben kein „Schrank", sondern ein „Schrein" wäre. Was zu wechselnden Vorstellungen vom Raum gesagt wurde, gilt auch für die variierenden Auffassungen ritueller Gegenstände.

In zugespitzter Weise gilt dies von anthropomorphen Repräsentationen eines nichtmenschlichen Gegenübers: Während für Katholiken ein personales Gegenüber in Form des Kruzifixus oder der Madonna üblich ist; während man über den positiven Effekt von Engeldarstellungen als Mittlerwesen in Kinderhospizen weiß, stellt für Muslime allein die Anwesenheit einer solchen Figur, sei sie zwei- oder dreidimensional, eine kategorische Anfrage, ob der Raum rituell oder auch nur im weiteren Sinne religiös zu nutzen oder überhaupt auch nur zu betreten sei. Einheitlich ist für alle diese Formen allein die Feststellung, dass hier, wie der Visualitätstheoretiker David Morgen feststellt, eben nicht im Sinne der insbesondere europäischen Blickkultur von einer Wechselwirkung zwischen dem Subjekt des Betrachters und einem beliebigen passiven Objekt der Betrachtung ausgegangen werden kann. In etlichen Kulturen wird vielmehr geglaubt, dass den Gegenständen selbst eine Kraft innewohnt,

8 Reinhold Bernhardt: Raumkonzepte als Manifestation von Pluralismusverständnissen, in: Kunst und Kirche 2 2010, 22–26, hierzu 26.

die allein durch ihre Präsenz aktiv auf den Betrachter wirkt; eine Statue oder Figurine wird so als belebt und wirkmächtig wahrgenommen und daher vor allem in der jüdischen und islamischen Bautradition ausgeschlossen.[9]

Auch eine Spannung zwischen religiöser und säkularer Identität muss idealerweise aufgelöst werden. Wenn der Raum primär als ein Religionsraum erkennbar ist, werden Personen, die Religion ablehnen, kaum die Schwelle überschreiten. Es stellt sich die anspruchsvolle Aufgabe, durch Architektur, Lage, Lichteinfall, Raumgestaltung, Materialien o. ä. eine außeralltägliche, „religiös" sowie „nichtreligiös" wahrnehmbare Stimmung oder Anmutung zu erzeugen, die diesen Raum in jedem Fall von umliegenden Unterrichtsräumen unterscheiden sollte. Eine Möglichkeit bestünde darin, über – vielleicht selbst im Unterricht erzeugte – Kunst eine besondere Stimmung zu erzeugen. Galerien und Museen haben nicht selten selbst eine „sakrale" Anmutung, gleichwohl ist diese uneindeutig und der individuellen Interpretation unterworfen und grenzt so spezifische Weltanschauungen nicht aus. Eine zweite Option läge in der Verortung von Bedeutung und Sinn in einem solchen Raum, der z. B. ein Erinnerungsort im Rahmen der Schul- oder Stadtgeschichte sein könnte. Es müsste unbedingt als Teil eines solchen Projekts erarbeitet werden, was Schülerinnen und Schülern selbst wichtig ist und wie sie diese Bedeutung räumlich festmachen würden.

Formen religiöser Praxis – Ebenso verschieden sind die religiösen Praxen, die in klassischen Sakralräumen ausgeübt werden.[10] Sie reichen in komplexen Religionen von gemeinsamen, bewegten Gottesdiensten in einer ausgefeilten Raumordnung bis hin zur körperlich unbewegten Innenschau. Mehr oder weniger ist dabei Raum für Bewegung, Gehen, Stehen, Sitzen, Sich-Niederwerfen erforderlich. Die individuelle Kontemplation, die in vielen Religionen bekannt ist, ist sicherlich die Form, die am ehesten in einem gemeinsamen Raum umgesetzt werden kann, weil sie einigermaßen überschaubare Anforderungen an den Raum stellt.
Positives, noch kaum bewusst gemachtes Potenzial liegt im Umgang mit auditiven religiösen Formen, die für Juden, Christen und Muslime gleichermaßen hohe Bedeutung haben und die gleichzeitig keine ganz besondere Raumgestaltung erfordern: Juden verlesen die Thora in kunstvoller Form, Christen haben elaborierte Kirchmusiktraditionen, Muslime erfahren mit Gott assoziierte Schönheit in der Koranlesung, überall existieren religiöse Kinderlieder. Es ist einfach, in einem Raum eine Musikanlage zu installieren oder dort selbst spezifische Rezitations- und Lesetechniken einzuüben und diese sowie die ästhetisch-auditiv vermittelten religiösen Inhalte zu reflektieren. Von hier ist es ein kleiner Schritt, in sich mischende Musiktraditionen hineinzuhören.[11]
Andere Handlungen stellen größere Herausforderungen an die räumliche Gestaltung, in zahlreichen Religionen sind mit Haptik verbundene Rituale üblich: Kerzen werden vor Altären entzündet, Gaben deponiert. Seit der Entstehung des Judentums[12] wurde in der Linie der vorderorientalischen Religionen die uralte Form des Opfers – als Kontakt mit einer Transzendenten Größe im Sinne eines materiellen Gabeprozesses – transformiert in Richtung einer gedanklichen Hinwendung im Gebet. Die Formen sind im Kern verwandt, immer geht es um eine Art existenzsichernde Kommunikation mit einem nichtmenschlichen Gegenüber. Ob man jedoch Gläubige, die mit einer eher oder sogar bewusst immateriellen Religionspraxis vertraut sind – seien es Reformierte Christen oder Muslime – mit einem Altar konfrontieren kann, ist die Frage. Andererseits wird deutlich, dass mit einer Entscheidung für einen tendenziell eher leeren Raum, der zur Kontemplation anregt, einer ganz spezifischen religionshistorischen Linie gefolgt wird, in der sich manche andere Religionstypen weniger wiederfinden.[13]

Dynamiken der Begegnung in interreligiösen Räumen

Unter Berücksichtigung der vorangehenden Überlegungen liegt in einem schulischen interreligiösen Raum ein großes Potenzial. Schule kann neben dem Lern- auch ein bereichernder Lebensraum sein, zu dem ein für alle Beteiligten offener, besonderer Ort beitragen wird. Auf die Anfangsüberlegungen zurück-

[9] David Morgan: a.a.O., 33, 68–71; Beinhauer-Köhler: a. a. O., 30–36.

[10] Manfred Josuttis: Der Weg in das Leben. Eine Einführung in den Gottesdienst auf verhaltenswissenschaftlicher Grundlage, München 1991.

[11] Man denke an den Dokumentarfilm "Crossing the Bridge" von Fatih Akin, der die Musikkultur Istanbuls in ihrer Vielfalt und Verwurzelung nicht zuletzt in den drei großen abrahamischen Religionen zu Gehör bringt. Siehe auch Navid Kermani: Gott ist schön, München 42011; Ulrich Dehn: Die ästhetische Codierung der Wirklichkeit. Zur Typologie von religiösen Seh- und Hörkulturen, in: Berliner Theologische Zeitschrift 23/2 (2006), 185–198.

[12] Menahem Haran: Temple and Communitiy in Ancient Israel, in: Michael Fox (Hg.), Temple in Society, Winona Lake 1988, 17–25, hierzu 24f.

[13] Marcus Nitschke übt in dieser Hinsicht eine kategorische Kritik an multireligiösen Gebetsräumen, weil er sie für trotz des Toleranzgedankens eigentlich eurozentrisch und protestantisch geprägt hält. Vgl. Marcus Nitschke: Multireligiöse Gebetsräume? Vorüberlegungen für eine Architektur des Dialogs, in: Kunst und Kirche 2 (2010), 36–39, hierzu 38.

kommend dürfte klar sein, dass die Erwartungen an einen solchen Ort in einer Schule sehr verschieden sein werden. Sie können vom Wunsch nach Ausübung einer spezifischen Gebetspraxis reichen, über einen Rückzug im Sinne von Kontemplation oder Meditation, über die Suche nach Ruhe und Ausgleich angesichts des täglichen Schulstress' bis hin zur Zuflucht bei Ängsten und Konflikten. Ein solcher Raum wird komplementär und bereichernd zu den Religionsräumen in Gemeinden angelegt sein, die er nicht ersetzen soll, wie es Karl-Josef Kuschel vorschlägt.[14]

Das besondere Potenzial eines solchen Raums im Lernraum Schule liegt in der Möglichkeit, ihn überhaupt erst gemeinsam zu entwickeln. Hier ist der Kreativität kaum Grenzen gesetzt, er kann dauerhaft, mobil, im Gebäudeinneren, Schulhof oder -garten liegen. Er kann markant abgegrenzt, aber auch im Verhältnis zu seiner Umgebung transparent sein. Schülerinnen und Schüler können Raum- und Religionsformen zunächst selbst reflektieren und sich bei eigener Identifikation mit einem Modell gegenseitig verständlich machen. Die gemeinsame Raumgestaltung mit für verschiedene Religionen und Kulturen adäquaten Zeichen kann sowohl kognitive als auch emotionale Kompetenzen fördern. Im entstandenen Raum besteht die Möglichkeit, gegenseitig Gebeten in einer Art teilnehmenden Beobachtung beizuwohnen. Bei all dem wird religiös-kulturelle Pluralität an Schulen aktiv gestaltet.

---

[14] Vgl. Karl-Josef Kuschel: Multireligiöse Andachtsräume – eine Problemanzeige. Theologische und interreligiöse Perspektiven, in: Kunst und Kirche 2 (2010), 5–11, hierzu 11.

Praxisbeispiele für die interreligiöse Projektarbeit II

Standards und Kompetenzen für das trialogische Lernen

Clauß Peter Sajak

Anregungen zur Entwicklung trialogischer Kompetenzen

Die in diesem Themenheft vorgestellten Bausteine zur Erkundung, Begegnung, Beurteilung und Gestaltung von sakralen Räumen der drei abrahamischen Religionen beruhen auf bewährten und erprobten Wettbewerbsbeiträgen, die im Rahmen des Schulenwettbewerbs der Herbert Quandt-Stiftung ausgezeichnet und prämiert worden sind. In diesem Sinne liefern die Best-Practise-Beispiele Anregung und Anleitung, Schülerinnen und Schüler bei der Erarbeitung und Entwicklung trialogischer Kompetenzen zu unterstützen und zu fördern. Legt man die Standards für das trialogische Lernen als Referenzrahmen an die skizzierten Bausteine an, so erkennt man rasch, dass vor allem Kompetenzen der ersten drei Kompetenzbereiche durch die Arbeit mit diesem Themenheft bearbeitet werden können:

Beim Thema „Gotteshäuser. Entdecken – Deuten – Gestalten" geht es vor allem um Kompetenzen des **Kompetenzbereichs 1 – Die Relevanz erkennen** (Kompetenz 1.2: Schülerinnen und Schüler nehmen Zeichen, Zeugnisse und Zeugen der abrahamischen Religionen und Traditionen bewusst wahr), des **Kompetenzbereichs 2 – Den Dialog fördern** (Kompetenz 2.2: Schülerinnen und Schüler nehmen konstruktiv am Dialog teil und leisten einen Beitrag zur zwischenmenschlichen Verständigung) sowie des **Kompetenzbereichs 3 – Den Anderen anerkennen** (Kompetenz 3.2: Schülerinnen und Schüler begegnen Menschen anderer kultureller und religiöser Kontexte mit Respekt, Interesse und Wertschätzung).

Dass diese Bausteine aber nicht nur mit Blick auf die Kompetenzen des Standardmodells der Herbert Quandt-Stiftung hilfreich sind, sondern auch ihre Entsprechungen in den verschiedenen Curricula der einzelnen Bundesländer finden, liegt in der Logik des Standardmodells für das trialogische Lernen, das ja bewusst an die Standards für den Evangelischen, Katholischen und Jüdischen Religionsunterricht sowie den Ethikunterricht anknüpft. Dabei kommt allen diesen Fächern zugute, dass sie aufgrund der staatskirchenrechtlichen Konstruktion des Religionsunterrichts als gemeinsame Angelegenheit des jeweiligen Bundeslandes und der einzelnen Religionsgemeinschaft in der Regel auf länderübergreifende Richtlinien der Religionsgemeinschaften zurückgreifen können.[1] Für unsere hier

[1] Vgl. für den Katholischen Religionsunterricht: Kirchliche Richtlinien zu Bildungsstandards für den katholischen Religionsunterricht in den Jahrgangsstufe 5–10/Sekundarstufe I (Mittlerer Schulabschluss), hg. v. Sekretariat der Deutschen Bischofskonferenz, Bonn 2004; Kirchliche Richtlinien zu Bildungsstandards für den katholischen Religionsunterricht in der Grundschule/Primarstufe, hg. v. Sekretariat der Deutschen Bischofskonferenz, Bonn 2006; für den Evangelischen Religionsunterricht: Dietlind Fischer/Volker Elsenbast (Red.): Grundlegende Kompetenzen religiöser Bildung. Zur Entwicklung des evangelischen Religionsunterricht durch Bildungsstandards für den Abschluss der Sekundarstufe I, Münster 2006; für den Jüdischen Religionsunterricht vgl. die Überlegungen zum Thema „Nationale Bildungsstandards für den jüdischen Religionsunterricht in der Primarstufe und in den beiden Sekundarstufen" des jüdischen Religionspädagogen an der Hochschule für Jüdische Studien, David Krochmalnik unter http://www.hfjs.eu/imperia/md/content/hfjs/nbs_jued_ru.pdf. Für den Islamischen Religionsunterricht gibt es bisher noch keine länderübergreifenden Richtlinien.

dargestellten Bausteine kann dies ein Blick auf die aktuellen Lehrpläne in Berlin (Evangelische Schule Berlin-Mitte: Heilige Räume entdecken), Hessen (John-F.-Kennedy-Schule Bad Vilbel: Über heilige Räume ins Gespräch kommen) und Rheinland-Pfalz (Fachschule für Sozialwesen: Heilige Räume gestalten) zeigen.

Evangelische Schule Berlin-Mitte, Berlin

Die Evangelische Schule Berlin-Mitte ist eine Grundschule (die in Berlin die Klassen 1 bis 6 führt). Hier heißt es im Rahmenplan für den Evangelischen Religionsunterricht in Berlin und Brandenburg: „Die Schülerinnen und Schüler am Ende der Jahrgangstufe sechs [...] nehmen das Besondere religiöser Räume wahr und können deren Symbole und Gegenstände erklären."[2] Und im Lehrplan für das an staatlichen Schulen verpflichtende Fach Ethik heißt es mit Blick auf den Lernzeitraum der 7. und 8. Klasse: „Schülerinnen und Schüler [...] kennen ausgewählte kulturelle und religiöse Phänomene, Symbole sowie Rituale und deren ethische Bedeutung"[3].

John F. Kennedy-Schule Bad Vilbel, Hessen

Unser Beispiel aus Hessen stammt aus der John-F.-Kennedy-Schule Bad Vilbel, einer Haupt- und Realschule: Im hier verbindlichen Lehrplan für das Fach Katholische Religion an der Realschule findet sich die folgende Aufgabenbeschreibung: „Handeln:

- Der Besuch von Moscheen, Kulturzentren oder Ausstellungen und die Begegnung mit Muslimen im Unterricht fördern das Verständnis zwischen den Religionen.
- Schulische Projektveranstaltungen wie ‚Muslime in unserer Schule/Stadt' ermöglichen neue Begegnungen."[4]

Außerdem wird an dieser Stelle auf die analogen Passagen in den Lehrplänen für das Fach Evangelische Religion und Ethik verwiesen.

Fachschule für Sozialwesen Speyer, Rheinland-Pfalz

In Rheinland-Pfalz existiert seit 2011 ein umfangreicher Lehrplan für den Evangelischen Religionsunterricht in Berufsvorbereitungsjahr, Berufsschule, Berufsfachschule I und II, dreijähriger Berufsfachschule, Höherer Berufsfachschule, Fachoberschule sowie Berufsoberschule I und II. In diesem für die Fachschule für Sozialwesen in Speyer verpflichtenden Curriculum findet sich die konstruktive Auseinandersetzung mit heiligen Zeichen und Räumen gleich mehrfach in verschiedenen Lernbausteinen. So heißt es in Lernbaustein 2:
„Rituale, Bräuche, Feste im Lebenslauf und im Jahreskreis beschreiben, probeweise gestalten und reflektieren (CI 6).
Die Vielfalt der religiösen Landschaft in der eigenen Stadt/Region wahrnehmen und kriterienbewusst verschiedene Strömungen unterscheiden (CI 7)."[5]

Im Lernbaustein 5 heißt es weiter:
„Grundlegende religiöse Ausdrucksformen (Symbole, Riten, Mythen, Räume, Zeiten) in den Weltreligionen wahrnehmen und einordnen."[6]

---

[2] Evangelischer Religionsunterricht in Berlin und Brandenburg. Grundsätze und Rahmenlehrplan für die Jahrgangsstufen 1 bis 10, hg. von der Evangelischen Kirche Berlin-Brandenburg – schlesische Oberlausitz, Berlin 2005, 26.

[3] Ethik. Rahmenlehrplan für die Sekundarstufe I, Jahrgangsstufe 7–10. Schule mit sonderpädagogischem Förderschwerpunkt, Hauptschule, Realschule, Gesamtschule und Gymnasium, hg. von der Senatsverwaltung für Bildung, Jugend und Sport, Berlin 2006, 14.

[4] Lehrplan Katholische Religion. Bildungsgang Realschule, hg. vom Hessischen Kultusministerium, Wiesbaden 2002, 27.

[5] Lehrplan für den Evangelischen Religionsunterricht in Berufsvorbereitungsjahr, Berufsschule, Berufsfachschule I und II, dreijähriger Berufsfachschule, Höhere Berufsfachschule, Fachoberschule sowie Berufsoberschule I und II, Mainz 2011, 20.

[6] Ebd., 26.

Und in Lernbaustein 7 wird noch konkreter formuliert:
„Grundlegende religiöse Ausdrucksformen des Judentums (Symbole, Riten, Räume, Zeiten) wahrnehmen und in Beziehung zu christlichen Ausdrucksformen setzen."[7]

Das Entdecken, Deuten und Gestalten der heiligen Räume in den drei abrahamischen Religionen ist also nicht nur ein Anliegen des „Trialog der Kulturen"-Schulenwettbewerbs der Herbert Quandt-Stiftung, sondern ein elementarer Bestandteil religiösen Lernens in allen Konfessionen und Religionen, das zu erweiterten religiösen Kompetenzen führen soll. Folglich lässt sich dieses Thema und die mit ihm verbundenen Kompetenzen in allen Lehrplänen finden, unabhängig von Konfession, Religion und Bundesland.

Zum Thema: Gotteshäuser. Entdecken – Deuten – Gestalten

Dorothee Herborn

Baustein 1

Heilige Räume entdecken

Ein elementarer Anknüpfungspunkt für interreligiöse und interkulturelle Lernprozesse ist die unmittelbare Begegnung mit den abrahamischen Religionen, indem zuerst noch fremde heilige Räume wahrgenommen und erkundet werden. Gotteshäuser sind zum einen Orte, an denen wichtige Einsichten in den Glauben von Juden, Christen und Muslimen gewonnen werden können. Sie eröffnen die Möglichkeit, Gemeinsamkeiten wie auch Besonderheiten des Sakralbaus in den drei abrahamischen Religionen anschaulich zu erschließen. Darüber hinaus sind sie aber auch Orte religiös-spiritueller Erfahrungen, an denen Menschen auf vielfältige Art und Weise dem Heiligen begegnen. Der Baustein 1 bietet Projektideen, mit deren Hilfe Schülerinnen und Schüler lernen können, Synagogen, Kirchen und Moscheen selbstständig zu entdecken und zu erschließen.

[7] Ebd., 30.

Angestrebte Kompetenzen

Kompetenz 1.2:
Schülerinnen und Schüler nehmen Zeichen, Zeugnisse und Zeugen der abrahamischen Religionen und Traditionen bewusst wahr.
Kompetenz 2.1:
Schülerinnen und Schüler zeigen die Bedeutung von Religion als grundlegendes kulturelles, gesellschaftliches Phänomen auf.
Kompetenz 2.2:
Schülerinnen und Schüler nehmen konstruktiv am Dialog teil und leisten einen Beitrag zur zwischenmenschlichen Verständigung.
Kompetenz 3.1:
Schülerinnen und Schüler setzen sich mit Konfessionen, Religionen und Weltanschauungen anderer Kinder und Jugendlicher auseinander.
Kompetenz 3.2:
Schülerinnen und Schüler begegnen Menschen anderer kultureller und religiöser Kontexte mit Respekt, Interesse und Wertschätzung.
Kompetenz 5.2:
Schülerinnen und Schüler entwickeln Formen der Verständigung und der Zusammenarbeit mit außerschulischen Institutionen und ihrem lokalen Umfeld.

Das Projekt Kinderkirchenführer

Projekt

Gotteshäuser als heilige Räume

- Schulform: Grundschule
- Beteiligte Jahrgangsstufen: Klassen 4–6
- Beteiligte Fächer: Religion, Deutsch, Geschichte, Gesellschaftskunde, Kunst; zusätzlich: Einrichtung eines Wahlpflichtkurses „Kinderkirchenführer“
- Größe der Lerngruppen: 10–30 Schülerinnen und Schüler
- Dauer des Projekts: Ausbildung der Kinderkirchenführer etwa 8 – 10 Wochen
- Verwendete Methoden[1]: Erkundung, Planspiel, Textarbeit, Referate, Partnerarbeit, Rollenspiel

Entwickelt und durchgeführt von der Evangelischen Schule Berlin-Mitte

Projektbeschreibung

In diesem Projekt erschlossen Schülerinnen und Schüler der Jahrgänge 4–6 als Schauspieler und Kinderkirchenführer die Traditionen und Rituale von Judentum,

[1] In dieser Publikation wird bewusst ein weiter Methodenbegriff verwendet, der sowohl Mikro-, Meso- und Makromethoden (nach Hilbert Meyer) als auch Sozialformen umfasst.

Christentum und Islam. Dabei wurden die Kinder nicht nur zu Kinderkirchenführern ausgebildet, sondern führten in abrahamisch geweiteter Perspektive auch durch die Sehetlik Moschee und das Centrum Judaicum in Berlin.

Ziel des Projektes war es, die Wahrnehmung der Schülerinnen und Schüler für Gotteshäuser zu fördern und sie im Hinblick auf Synagoge, Kirche und Moschee zu „alphabetisieren". Das Projekt geht aber über den Aspekt der bewussten Wahrnehmung, des Entdeckens und des Verstehens hinaus und schult die Schülerinnen und Schüler darin, ihr erworbenes Wissen für Kinder und Erwachsene einladend und lebendig darzustellen. Der damit einhergehende Perspektivwechsel ist der Schlüssel für eine reflektierte Fremdwahrnehmung und ermöglicht es, erste Erfahrungen von Fremdheit und Staunen in Einfühlung, Achtung, Verständnis und Anerkennung zu verwandeln.

Vorbereitung: Führungen erleben

Für eine ganzheitliche Erschließung von Synagoge, Kirche und Moschee beginnen die Schülerinnen und Schüler damit, die Gotteshäuser individuell und bewusst wahrzunehmen. Dazu erschließen sich die Kindern die verschiedenen Gotteshäuser mittels **dialogisch ausgerichteter Führungen durch Zeuginnen und Zeugen der abrahamischen Religionen.** Eine dialogisch ausgerichtete Führung zeichnet sich dadurch aus, dass Zeuginnen und Zeugen der jeweiligen Religion die Schülerinnen und Schüler zur Wahrnehmung anleiten und sie in Grundelemente sowie in die Geschichte des Sakralraums, der Religionen und Traditionen einführen.
Dabei sollen Schülerinnen und Schüler im Rahmen der Führungen angeregt werden, den Sakralraum eigenständig zu entdecken, ihre individuellen Eindrücke, Deutungen und Ideen zum Sakralraum zu äußern und ihre Fragen an authentische Zeuginnen und Zeugen des Glaubens zu richten. Durch Dialog und Interaktion kann somit eine auf die individuelle Wahrnehmung und Erkundung ausgerichtete Führung gelingen.

Die stark performative Ausrichtung des Projektes unterstützt die Idee des aufbauenden Lernens im Rahmen des interreligiösen und interkulturellen Lernens. Dabei ist es wichtig, dass Schülerinnen und Schüler der Primarstufe und im Bereich der Förderschulen die Gotteshäuser und die abrahamischen Religionen wahrnehmen, entdecken und erschließen lernen, indem sie vor allem Menschen der jeweiligen Religionen begegnen und sich mit exemplarischen Erfahrungen auseinandersetzen.

Im Hinblick auf die thematische Ausrichtung der Führung empfiehlt es sich, den Wissensstand und die Lernvoraussetzungen in der Schülergruppe genau zu beachten. Sakralraumführungen können ein breites thematisches Spektrum bedienen: von Grundelementen des Sakralraums über Baustil und Geschichte bis hin zur Konzentration auf bestimmte Epochen, Kunststile oder Figuren und ihrer Realisation im jeweiligen Gotteshaus vor Ort. Es empfiehlt sich bei den Führungen darauf zu achten, dass diese auch an den Stationen ausgerichtet werden, mit denen sich die Schülerinnen und Schüler später in der Durchführungsphase beschäftigen. Es bietet sich also an, in der Planung des Projektes früh Stationen festzulegen, durch die die Schülerinnen und Schüler zunächst selbst geführt werden, um später eigenständig Besucher durch diese Stationen zu führen. Dies erfordert eine enge Kooperation mit den lokalen Ansprechpartnern in Synagoge, Kirche und Moschee.

In der Nachbereitung der dialogischen Sakralraumführungen halten die Schülerinnen und Schüler ihre Eindrücke, Erinnerungen sowie ungeklärte Fragen in Kleingruppen in Form von **Mind-Maps** fest.

Tipp

Optional: Erkundungsbogen zur individuellen Wahrnehmung und Entdeckung von Synagoge, Kirche und Moschee

Bei der Erkundung und Erschließung von Gotteshäusern bietet es sich an, den Schülerinnen und Schülern vor einer Führung durch das Gotteshaus durch Zeuginnen und Zeugen des Glaubens in einem ersten Schritt Zeit zu geben, die verschiedenen Gotteshäuser eigenständig persönlich wahrzunehmen und erste eigene Erkundungen vorzunehmen.

So sollte den Schülerinnen und Schülern vor der dialogischen Sakralraumführung einige Minuten Zeit gegeben werden, sich dem Sakralraum individuell mithilfe eines **Erkundungsbogens (→ M1, S. 70 f.)** anzunähern. Dieser fördert die innere Beteiligung der Schülerinnen und Schüler, lässt erste ungesteuerte Beobachtungen zu und wirft Fragen auf, die im Laufe einer dialogischen Sakralraumführung aufgenommen werden können. Der exemplarische Erkundungsbogen dient dazu, die verschiedenen Raumdimensionen der Sakralräume wahrzunehmen: die Annäherung von außen, das Eintreten und die Wahrnehmung des Innenraums. Neben der räumlichen und visuellen Wahrnehmung entwickeln die Schülerinnen und Schüler eine emotionale Verbindung mit einem Lieblingsplatz, einem Gegenstand, vielleicht auch mit einem Geruch oder einem besonderen Lichteinfall innerhalb des Sakralraums.

Durchführung: Ein Stationenlernen gestalten

In Gruppen, die mit den Grundelementen der Sakralräume und Religionen nur wenig vertraut sind, gilt es, ein Stationenlernen zu entwickeln, das sich an folgenden Grundelementen orientiert:
Synagoge: Mikwe, Das Gebet/Gebetskleidung, der Toraschrein/Ewiges Licht, der Davidstern, die Menora, Rabbiner/Kantor, Baugeschichte/Geschichte der Zerstörung der Synagogen, die Shoah.
Kirche: Kreuz/Altar, das Gebet/Vaterunser, Osterkerze, Pfarrer/Pfarrerin, Tabernakel/Ewiges Licht, Taufbecken/Taufe, Kanzel/Ambo, Beichtstuhl und Orgel.
Moschee: Minarett/Muezzin, Waschbrunnen/Rituelle Waschung, Mihrab, Minbar/Kursi, das Gebet, Baugeschichte, Kalligrafie.

Die für das Projekt zentrale inhaltliche Erschließung der Gotteshäuser, wichtiger Aspekte der drei abrahamischen Religionen sowie wichtiger Epochen und Zeuginnen und Zeugen des Glaubens erfolgt in Form eines **Stationenlernens**, in dem sich die Schülerinnen und Schüler nach persönlichem Interesse paarweise zuordnen. Um die Vielfalt der möglichen Zugänge zum Thema Gotteshäuser zu betonen, sollte das Stationenlernen in einer **fächerübergreifenden Kooperation** geschehen: Religion (hier auch möglich: Ethik), Deutsch, Geschichte, Gesellschaftskunde (für Sekundarstufe I und II: Politik), Kunst sowie das Wahlpflichtfach Kinderkirchenführer. Es bietet sich an, dies nicht nur in Form eines Projektes innerhalb einer Schulklasse anzubieten, sondern auch in Form einer Schuljahres-AG zu begleiten. Nachdem sich die Schülerinnen und Schüler paarweise zwei Stationen zugeordnet haben, vertiefen sie ihr Wissen, indem sie neben ihren Beobachtungen und ihrem Wissen aus den Führungen durch Synagoge, Kirche und Moschee (Mind-Maps) auch Textmaterial im jeweiligen Fachunterricht zur Verfügung gestellt bekommen. Darüber hinaus sollten Schülerinnen und Schülern im Rahmen dieser handlungsorientierten und auf Selbstorganisation ausgerichteten Methode angeregt werden, selbstständig Informationen zu den jeweiligen Stationen zu recherchieren: Hier empfiehlt sich vor allem die Internetrecherche. Insgesamt sollte das Stationenlernen einen Umfang von acht Stationen nicht überschreiten. Auch müssen die Schülerinnen und Schüler nicht alle Stationen gleichermaßen bearbeiten. Vielmehr sollen die Schülerinnen und Schüler im Sinne einer **Gruppen-Experten-Rallye** zu Experten für jeweils zwei Stationen werden und dieses Expertenwissen im Verlauf des Projektes ihren Mitschülern zugänglich machen.

Folgende Stationen wurden für das Stationenlernen im Projekt der Evangelischen Schule Berlin-Mitte ausgewählt und dienen als Beispiele für das Arbeiten vor Ort:

- **Judentum:**
  1. Bauweise und Architektur
  2. Wilhelm Krützfeld
  3. AHAWA-Kinderheim
  4. Regina Jonas – die erste Rabbinerin der Welt
  5. Gegner der Synagoge
  6. Ruine und Wiederaufbau
- **Christentum:**
  1. das Altertum/Jesus Christus
  2. Mittelalter/Baugeschichte
  3. Reformation/Martin Luther
  4. Barock/Gegenreformation
  5. Zweiter Weltkrieg
  6. das Jahr 1961 in Berlin/Martin Luther King
  7. Heute/Suppenküche
- **Islam:**
  1. Waschung vor dem Gebet/die Kunst des Schuhe-Ausziehens
  2. Das Gebet
  3. Mihrab/Pilgerreise nach Mekka
  4. Minbar/Kursi
  5. Baugeschichte/Geschichte der Muslime in Deutschland
  6. Kalligraphie
  7. Minarett/Der Ruf des Muezzin

Tipp

Das Kulturradioprogramm **„Kinderfunkkolleg: Was glaubst du denn?“**, das der Hessische Rundfunk in Kooperation mit der Herbert Quandt-Stiftung verantwortet, bietet drei Kurzreportagen, die Kinder anschaulich in Synagoge, Kirche und Moschee einführen. Diese können sowohl in Vor- als auch Nachbereitung einer Synagogen-, Kirchen- und Moscheeführung beim Stationenlernen eingesetzt werden.
Die Dateien sind als Podcast online verfügbar unter **www.kinderfunkkolleg-trialog.de.**

Reflexion: In Planspielen üben

Im Anschluss an die inhaltliche Erschließung der abrahamischen Gotteshäuser entfalten die Schülerinnen und Schüler ihr Wissen, indem sie eigenständig Texte zu den einzelnen Stationen formulieren und erste dialogische Führungen durch Synagoge, Kirche und Moschee konzipieren. In **Planspielen** können die Schülerinnen und Schüler diese mit ihren Mitschülern erproben und in einer kritischen Reflexion überarbeiten und verändern. Darüber hinaus werden in dieser Phase auch Aspekte der angemessenen Präsentation bzw. Umsetzung der Führungen beleuchtet. Schülerinnen und Schüler überlegen und erproben demnach Aktionen, Handlungen und Fragen, die ihre Führungen lebendig, interaktiv und dialogisch gestalten und sie mit den Besuchern in Kontakt bringen. Auch Aspekte einer angemessenen visuellen Präsentation der Führungen sollten in dieser Projektphase bedacht werden. Dabei bietet es sich an, im Kunstunterricht Aspekte der religiösen, kulturellen, traditionellen und historischen Bekleidung zu erarbeiten und künstlerisch-kreativ historische oder traditionelle Kostüme zu den Stationen und Texten zu entwerfen. Das Tragen von Kostümen ermöglicht es Schülerinnen und Schülern, sich noch besser und umfassender in die neuen Rollen und in die neue Perspektive einzufühlen.

Um eine gewisse Nachhaltigkeit zu gewährleisten, empfiehlt es sich, die Texte der Schülerinnen und Schüler in digitalisierter Form oder in Form einer Kartei zu speichern und so einen reichen Materialfundus für weitere Projektdurchführungen anzulegen.

Vertiefung: Führungen selbst gestalten

Am Ende des Projektes **führen Schülerinnen und Schüler in historischen und traditionellen Kostümen an zentralen Stationen durch die Gotteshäuser der drei abrahamischen Religionen.** Die als Rollenspiel angelegten dialogischen Führungen in den Gotteshäusern eröffnen den Schülerinnen und Schülern durch Rückfragen und Eindrücke der Besucher die Möglichkeit, ihr Wissen weiterhin zu vertiefen und situativ anzuwenden. In enger Kooperation mit den Gemeinden vor Ort, im Hinblick auf den Umfang und das Bewerben des Angebotes, bietet sich oft zunächst eine erste Führung der Schulgemeinschaft, der Eltern sowie interessierter Freunde und Verwandter an. Darüber hinaus sollte jedoch auch die Teilnahme an Tagen der offenen Türen in Betracht gezogen werden ebenso wie die Kooperation mit Initiativen der lokalen Kulturangebote, z. B. Nacht der Museen, Kulturfestivals u.v.a. Mit Blick auf die Nachhaltigkeit bietet es sich an, diese Führungen in das Angebot der Synagogen-, Kirchen- und Moscheegemeinden aufzunehmen und die Führungen der Schülerinnen und Schüler somit auf Abruf immer wieder für die Öffentlichkeit zugänglich zu machen. Dies kann auch die Aufnahme des Projektes in das Schulcurriculum bedeuten, um die Ausbildung von Synagogen-, Kirchen- und Moscheeführern auch in Zukunft zu sichern.

Tipp

Möglichkeit der Weiterführung des Projektes – Das Projekt Kreuzweg- und Pilgerreiseführer

Neben den Gotteshäusern der abrahmischen Religionen gibt es weitere Glaubenszeugnisse, die sich analog zur Ausbildung der Kinderkirchenführer für kreative Lernprozesse und selbstständig gestaltete Führungen eignen. Schülerinnen und Schüler können beispielsweise anhand selbstgemalter Kreuzwegdarstellungen Mitschülerinnen und Mitschüler mit auf den Leidensweg Christi nehmen und durch die christliche Passionserzählung führen.

Folgende Stationen wurden im Rahmen des **„Stationenlernens Kreuzweg"** der Evangelischen Schule Berlin-Mitte erarbeitet und in Bildern von den Schülerinnen und Schülern kreativ verarbeitet:

1. Jesus wird zum Tod verurteilt.
2. Jesus nimmt das Kreuz auf sich.
3. Simon von Cyrene hilft Jesus das Kreuz zu tragen.
4. Veronika reicht Jesus das Schweißtuch.
5. Jesus wird seiner Kleider beraubt.
6. Jesus wird ans Kreuz geschlagen.
7. Jesus stirbt am Kreuz.
8. Jesus ersteht von den Toten auf.

Auch die muslimische Pilgerfahrt kann anhand von Bildern und Gegenständen Teil einer selbstgestalteten Ausstellung werden. Im Gespräch mit Haddschis, also bereits gepilgerten Muslimen, sammeln die Schülerinnen und Schüler dabei authentisches Bild- und Ausstellungsmaterial (z. B. Pilgergewänder, Pilgerausweise u.v.a.). Die Schülerinnen und Schüler erarbeiten im Stationenlernen Wissen über die zentralen Elemente und Rituale der Pilgerfahrt und stellen eine Fotoausstellung zusammen, durch die sie ein interessiertes Publikum selbstständig führen.

Folgende Stationen empfelen sich aus der Erfahrung der Evangelischen Schule Berlin-Mitte zur Erarbeitung der Pilgerreise:

1. Reinigung
2. Pilgergewand/Schuhe ausziehen
3. siebenmal die Kaaba umrunden, davon dreimal im Laufschritt
4. den schwarzen Stein küssen oder berühren
5. Wasser aus dem Brunnen Zem-Zem trinken
6. siebenmal zwischen den Hügeln Safa und Marwa hin- und herlaufen
7. vor dem Berg Arafat beten und Labbaika rufen
8. Steine in der Ebene Muzdalifa suchen
9. sieben kleine Steine auf eine Säule werfen

Projektvariante für die Sekundarstufe I

Gotteshäuser als Orte von Gemeinschaft

Projekt

- Schulform: Additive Ganztagsgesamtschule mit Förderstufe
- Beteiligte Jahrgangsstufe: Klasse 8
- Beteiligte Fächer: Religion, Ethik
- Größe der Lerngruppen: jeweils ca. 25 – 28 Schülerinnen und Schüler
- Dauer des Projekts: ca. 4 – 6 Wochen
- Verwendete Methoden: Erkundung, Referate, Stationenlernen

Entwickelt und durchgeführt von der Carl-Schomburg-Schule in Kassel

Projektbeschreibung

Der primär am Projekt beteiligte Ethikkurs dieser Schule zeichnete sich durch eine besonders multireligiöse und multikulturelle Schülerschaft aus. Ziel des Projektes war es, zu einem tieferen Verständnis der anderen Kulturen und Religionen zu kommen und das Miteinander der Religionen und Kulturen in der schulischen Praxis zu vertiefen. Dies sollte erreicht werden, indem die Schülerinnen und Schüler Gotteshäuser erkunden und Zeuginnen und Zeugen des Glaubens begegnen. Neben dem Besuch und der Führung durch die verschiedenen Gotteshäuser entdeckten die Schülerinnen und Schüler weiterhin die soziale, gemeinschaftsstiftende Funktion von Synagoge, Kirche und Moschee.

Durchführung: Vielfältige Funktionen erkunden

Bei der Wahrnehmung und Erschließung von Gotteshäusern in der Sekundarstufe I bietet es sich an, Schülerinnen und Schüler die unterschiedlichen Funktionen von Gotteshäusern jenseits von Liturgie und Kult erkunden zu lassen und ihnen die Begegnung mit den vielfältigen Zeugnissen, Zeuginnen und Zeugen des Glaubens zu ermöglichen. So werden z. B. Moscheen und Synagogen als Orte der Glaubensunterweisung genutzt. Schülerinnen und Schüler können so Einblicke in die Koranschule in der Moschee oder in den jüdischen Religionsunterricht in der Synagoge bekommen. Ergänzend könnten auch der Sprachunterricht in Synagoge und Moschee, Bibelkreise in Kirchengemeinden wie auch die unterschiedlichen Formen der Unterweisung von Gläubigen der drei abrahamischen Religionen als Vorbereitung auf die Initiationsriten und Sakramente besucht werden.

Während in Primar- und Unterstufe die Schülerinnen und Schüler die theologischen und religionskundlichen Informationen an gotteshausspezifischen Stationen erarbeiten, sollte in der Mittel- und Oberstufe **ein vergleichendes, trialogisches und vernetzendes Stationenlernen** entwickelt werden. Eine exemplarische Lernstation zum Thema „Warum beten Menschen" finden Sie im Materialteil **(→ M2, S. 72ff.)**. Durch Erkundung, Begegnung, Austausch und vor allem im Vergleich können wesentliche Aspekte der Gemeinsamkeiten und Unterschiede der Gotteshäuser wie auch der abrahamischen Religionen insgesamt herausgearbeitet werden. Dies ist ein elementares Moment in der Entwicklung von interreligiösem und interkulturellem Verständnis, von Akzeptanz und Anerkennung.

Tipp

An folgenden Stationen haben Schülerinnen und Schüler der Carl-Schonburg-Schule in einem trialogisch vergleichenden Stationenlernen gearbeitet:

1. Grundlagen der drei monotheistischen Religionen
2. Beten (einen Podcast zum Thema „Wie beten Juden, Christen und Muslime" bietet das Kinderfunkkolleg „Was glaubst du denn?", das in der Zusammenarbeit zwischen dem Hessischen Rundfunk und der Herbert Quandt-Stiftung verantwortet wird; der Podcast kann kostenlos heruntergeladen werden unter www.kinderfunkkolleg-trialog.de)
3. „Heute schon Schwein gehabt?" (Essen- und Fastenvorschriften)
4. Gemeinsamkeiten der Religionen
5. „Wie wird man was? Oder: Warum bin ich Moslem und du Christ?"
6. „Bei uns ist das aber so..." (Erziehung in den drei Religionen)
7. Feste und Riten im Kinder- und Jugendalter
8. Improvisationstheater zur Anwendung des Gelernten

Projektvariante für die Sekundarstufe II

Gotteshäuser als Kunstwerke

- Schulform: Berufsbildende Schule mit dem Schwerpunkt Sozialwesen
- Beteiligte Fächer: Kunst und Religion
- Beteiligte Jahrgangsstufen: Klassen der Unter- und Oberstufen (Klassen 11 und 12)
- Größe der Lerngruppen: jeweils ca. 25–30 Schülerinnen und Schüler
- Dauer des Projekts: ca. 2–4 Wochen
- Verwendete Methoden: Unterricht, Projektarbeit, Arbeitsatelier, Metakognition, Ausstellung

Entwickelt und durchgeführt von der Fachschule für Sozialwesen Speyer

Projekt

Projektbeschreibung

Im Projekt „Lebensräume – Lebensträume: Vielfalt leben" beschäftigten sich die Schülerinnen und Schüler einer Fachschule für Sozialwesen intensiv mit der künstlerisch-architektonischen Gestaltung der Gotteshäuser in Judentum, Christentum und Islam, um im Anschluss selbst einen schuleigenen trialogischen „Raum der Stille" einzurichten.

Durchführung: Kunstgeschichte und Architektur entdecken

Bei der Wahrnehmung und Entdeckung von Synagoge, Kirche und Moschee in der Sekundarstufe II bietet es sich an, spezifische Aspekte der Gotteshäuser herauszugreifen und von Schülerinnen und Schülern systematisch aufarbeiten zu lassen. Die Ausbildung von Synagogen-, Kirchen- und Moscheeführern in der Oberstufe sollte somit über basale Glaubens- und Sakralraumelemente hinausführen und vielmehr unter einem konkreten Thema stehen. Die intensive und systematische Erarbeitung von Bauformen, Baustilen, Kunst und Künstlern bietet dabei einen wertvollen künstlerisch-architektonischen Zugang zu den Gotteshäusern.

Neben Fragen des Synagogenbaus empfehlen sich aus der Erfahrung der Fachschule in Speyer auch folgende Aspekte: die Architektur des bekannten jüdischen Architekten Daniel Libeskind, verschiedene Arbeitsweisen von jüdischen Künstlern (u. a. Marc Chagall, Art Spiegelman, Max Liebermann und Julia Bernstein), die klassisch-christlichen Baustile (Romanik, Gotik, Barock, Klassizismus, Historismus und Moderne), die Glaskunst in den Religionen, Aspekte des „klassischen" ebenso wie des „modernen" Moscheebaus, Orientalische Ornamente und arabische Kunst der Kalligrafie, die Arbeit der muslimischen Architektin und Designerin Zaha Hadid u. v. a.

Möglichkeiten zur weiteren Entdeckung und Erkundung von Gotteshäusern

Neben der performativen Erschließung gibt es noch viele weitere Formen der Wahrnehmung von Gotteshäusern. Insgesamt empfiehlt es sich, Schülerinnen und Schüler Gotteshäuser ganzheitlich und mit vielen Sinnen entdecken und wahrzunehmen zu lassen. Neben Formen der haptischen und visuellen Wahrnehmung oder der Teilhabe an liturgischen Vollzügen empfehlen sich auch Formen der sinnenhaft-auditiven bzw. akustischen Wahrnehmung von Gotteshäusern.

Projekt

Gotteshäuser als Klangräume

- Schulform: Gymnasium
- Beteiligte Fächer: Musik, Chor-AG
- Beteiligte Jahrgangsstufen: Schülerinnen und Schüler aller Stufen (5–13)
- Größe der Lerngruppe: ca. 200 Schülerinnen und Schüler sowie Eltern
- Dauer des Projekts: 3–6 Wochen
- Verwendete Methoden: Projektarbeit, Aufführung

Entwickelt und durchgeführt von der St. Lioba-Schule in Bad Nauheim

Projektbeschreibung

In ihrem Projektvorhaben „Europa klingt nach Abraham" haben sich die Schülerinnen und Schüler der St. Lioba-Schule in Bad Nauheim intensiv mit den drei Weltreligionen auseinandergesetzt und einen musischen Zugang zu Judentum, Christentum und Islam gesucht. Beim „Konzert der Kulturen" wurde eine evangelische Kirche mit Klängen aus verschiedenen Kulturkreisen und den drei abrahamischen Religionen in experimenteller Form gefüllt und unter dem Leitspruch „Brücken bauen mit sakraler Musik" wurde eine hörbare Annäherung und Zusammenführung der Religionen und Kulturen versucht.
Die sinnenhafte **Wahrnehmung von Gotteshäusern über Musik aus verschiedenen Religionen und Kulturen** ermöglicht hier einen affektiven Zugang zum Elementaren und Heiligen der drei Religionen und Traditionen.

Auswahl an Musikstücken der St. Lioba-Schule: Neben traditionellen Liedern aus verschiedenen Ländern und Kulturkreisen (u. a. Indien, Afrika und Israel) wurden jüdisch-israelische Volkslieder (*Hineh mah tov umah naim (Ps. 131, 1), Shalom chaverim, Yerushalayim shel zahav*) ebenso aufgeführt wie jüdische liturgisch relevante Gesänge (aus Dov Carmels „Piyutim" *Chodesh yeshua*). Auch der muslimische Gebetsruf fand seinen Platz im Konzert. Die christlichen „American Negro Spirituals" *(Deep River, Oh Happy Day, Swing Lo, Sweet Chariot, We Shall Overcome)* eignen sich ebenso wie liturgisch-gregorianische Gesänge *(Jubilate, Psallite Deo nostro)* und russisch-orthodoxe liturgische Gesänge *(Cherubikon)* zur akustischen Füllung eines heiligen Raumes. Als interreligiöser und interkultureller Höhepunkt wurde z. B. David Fanshawes *Kyrie* aufgeführt.

Vorbereitung: Ein Konzert planen

Bei der **Planung eines Konzertes der Kulturen und Religionen** ist es wichtig, alle an der Schule befindlichen Chöre (u. a. Unter-, Mittel-, Oberstufenchöre, Lehrer- und Elternchöre), Musikgruppen und auch lokale Sänger und Instrumentalgruppen mit vielfältigen kulturellen und religiösen Wurzeln als Kooperationspartner zu gewinnen. Hier bietet sich u. a. auch der Besuch von verschiedenen kulturellen Musikvorführungen und liturgischen Feiern an, um einerseits in die unterschiedlichen kulturellen und sakralen Musikformen einzutauchen und andererseits authentische Kooperationspartner zu gewinnen.

Durchführung: Ein Konzert gestalten

In Projektchören, Projektbands ebenso wie im Musikunterricht werden nun ausgewählte traditionelle Lieder und Musikstücke aus verschiedenen Ländern und Kulturkreisen ebenso wie liturgische Lieder und Gesänge aus den drei Religionen einstudiert. Um die Verzahnung und Verflechtung der Religionen und Kulturen auch klanglich zu symbolisieren, empfiehlt es sich, die Stücke in ihrer Abfolge zu vermischen. Diese interkulturelle und interreligiöse Verbundenheit kann darüber hinaus symbolisch und klanglich gesteigert werden, indem Musikstücke aufgeführt werden, die bereits in ihrer Komposition trialogisch angelegt sind.

Gotteshäuser als Räume der Inszenierung

- Schulform: Gymnasium
- Beteiligte Fächer: Deutsch, Religion, Ethik
- Beteiligte Jahrgangsstufen: primär Schülerinnen und Schüler der Jahrgangsstufe 10
- Größe der Lerngruppe: 3–6 Schülerinnen und Schüler
- Dauer des Projekts: 1 Woche
- Verwendete Methoden: Projektarbeit, Aufführung, Freiarbeit

Entwickelt und durchgeführt vom Christian von Mannlich Gymnasium in Homburg an der Saar

Projekt

Projektbeschreibung

In ihrem Projektvorhaben „Der Irrgarten" hat das Christian von Mannlich Gymnasium die Orientierungslosigkeit, mit der sich Angehörige der verschiedenen Religionen und Kulturen leider oft begegnen, in einer Zelt-Irrgarten-Konstruktion symbolisiert. In dieser Konstruktion wurden elf Räume geschaffen, die auf vielfältige Art und Weise Antworten auf Fragen zu den drei abrahamischen Religionen und den kulturellen Traditionen der Menschen geben. In einem dieser Räume wurde ein Sprechtheater zu klassischen Abraham-Texten – u. a. Gen 12 und die Ibrahim-Sure (Sure 14) – von Schülerinnen und Schülern auf Hebräisch, Deutsch und Arabisch aufgeführt und inszeniert.

Die Idee des Christian von Mannlich Gymnasiums eignet sich vor allem für Schulen mit deutlich multikultureller und multireligiöser Schülerschaft. Eine Voraussetzung des Projektes ist, dass es Schülerinnen und Schüler gibt, die Hebräisch und Arabisch beherrschen.

Vorbereitung: Ein Sprechtheater einüben

Ein **Sprechtheater Abraham** kann gut im Rahmen des Fachunterrichts (Religion, Ethik oder Deutsch) in der Vorbereitung auf den Besuch in Synagoge, Kirche und Moschee erarbeitet werden. Dabei ist es wichtig, dass es zum einen Schülerinnen und Schüler gibt, die in den Sprachen der abrahamischen Religionen alphabetisiert sind, zum anderen sollten Kernelemente des Lesens, der Vortragskunst und der Rezitation in den Heiligen Schriften von Judentum, Christentum und Islam im Unterricht erarbeitet und erprobt werden. Im Hinblick auf die Präsentation des Sprechtheaters sollten Schülerinnen und Schüler eine akustisch anspruchsvolle und trialogisch ausgerichtete Performance entwickeln und einüben. Dazu gehört, eine Choreographie von unterschiedlichen Phasen zu entwickeln. So werden die Texte im Wechsel einzeln gelesen, im Chor, miteinander und gegeneinander. Auch können sich die Schülerinnen und Schüler an verschiedenen Orten im Sakralraum positionieren, sodass der eine oder andere Klang sich dem Publikum nähert, abwendet, wieder zuwendet und irgendwann verstummt.

Je nach sprachlicher Heterogenität der Schülerinnen und Schüler bietet es sich hier auch an, mit diversen Übersetzungen der Bibel und ggf. des Korans zu arbeiten. Dabei ist aber zu beachten, dass der Koran nur in der arabischen Originalsprache Offenbarungscharakter hat und Übersetzungen in andere Sprachen entsprechend nur Hinführungen und Hilfestellungen sein können.

Durchführung: Klänge inszenieren

Zur Durchführung der akustischen Erkundung von Judentum, Christentum und Islam durch Sprachklänge bietet sich – natürlich in Absprache mit den Kooperationspartnern in Synagoge, Kirche und Mosche – eine entsprechende Sakralraumerkundung an. So kann die Funktion von Gotteshäusern als Orte der Verkündigung der Heiligen Schriften von Judentum, Christentum und Islam für Schülerinnen und Schüler erfahrbar und Gotteshäuser trialogisch-sinnenhaft wahrnehmbar gemacht werden. Sollte eine Nutzung dieser Räume nicht möglich sein, kann auch die Aula der Schule oder ein größerer Klassenraum genutzt werden. Dabei führen die Schülerinnen und Schüler ihren Mitschülerinnen und Mitschülern trialogische Stimmenskulpturen vor, sodass die unterschiedlichen liturgischen und musikalischen Spezifika der drei abrahamischen Religionen in trialogischer Verbundenheit erklingen. Die daran anschließende Reflexion über die Eindrücke, Empfindungen und Gedanken der Schülerinnen und Schüler vertieft den interreligiösen Lernprozess dieser Projektidee.

Baustein 2

Heilige Räume im Gespräch deuten

Gotteshäuser sind nicht nur Orte der Begegnung mit zentralen Symbolen und elementaren Vollzügen der abrahamischen Religionen, sondern sie eröffnen auch die Möglichkeit, mit Menschen aus verschiedenen kulturellen und religiösen Traditionen ins Gespräch zu kommen. Eine ganzheitliche Erschließung von Synagoge, Kirche und Moschee umfasst auch das Deuten von Gotteshäusern in ihrer subjektiv-biografischen Dimension – den Erfahrungen, Erlebnissen und Bedürfnissen, die Gläubige der abrahamischen Religionen mit Synagoge, Kirche und Moschee haben. Durch Erzählungen, Erlebnisse und Erinnerungen von Zeuginnen und Zeugen der jeweiligen Religion können Schülerinnen und Schüler Gotteshäuser zum einen als Orte der Beheimatung, der Verwurzelung und der Identitätsstiftung wahrnehmen lernen, zum anderen können sie sich zu den Erzählungen von Menschen in Beziehung setzen. Aus der Deutung von Gotteshäusern in Gespräch und Erzählung seiner „Bewohner" können wesentliche Impulse und grundlegendes Orientierungs- und Handlungswissen für den Lebensalltag in einer multikulturellen und multireligiösen Gesellschaft gewonnen werden. Nachhaltiges interreligiöses und interkulturelles Lernen kann nur dort stattfinden, wo intersubjektive Begegnungen stattfinden, wo Räume des authentischen Kennenlernens von Angehörigen der abrahamischen Religionen und vielfältigen kulturellen Traditionen geschaffen werden. Der Baustein 2 führt in diesen elementaren Bereich der Deutung von heiligen Räumen in ihrer Bedeutung für Zeuginnen und Zeugen des Glaubens im Gespräch ein.

Angestrebte Kompetenzen

Kompetenz 1.2:
Schülerinnen und Schüler nehmen Zeichen, Zeugnisse und Zeugen der abrahamischen Religionen und Traditionen bewusst wahr.
Kompetenz 2.1:
Schülerinnen und Schüler zeigen die Bedeutung von Religion als grundlegendes kulturelles, gesellschaftliches Phänomen auf.
Kompetenz 3.1:
Schülerinnen und Schüler setzen sich mit Konfessionen, Religionen und Weltanschauungen anderer Kinder und Jugendlicher auseinander.
Kompetenz 3.2:
Schülerinnen und Schüler begegnen Menschen anderer kultureller und religiöser Kontexte mit Respekt, Interesse und Wertschätzung.
Kompetenz 4.1:
Schülerinnen und Schüler setzen sich mit ihrem eigenen Glauben und ihrer eigenen Weltanschauung auseinander.
Kompetenz 5.1:
Schülerinnen und Schüler eröffnen Perspektiven des abrahamischen Trialogs für Schulprofil und -gemeinschaft.
Kompetenz 5.2:
Schülerinnen und Schüler entwickeln Formen der Verständigung und der Zusammenarbeit mit außerschulischen Institutionen und ihrem lokalen Umfeld.

Das Projekt Erzählcafé

Projekt

An Gotteshäuser erinnern

- Schulform: Hauptschule
- Beteiligte Jahrgangsstufen: Klassen 8–9
- Beteiligte Fächer: Religion, Ethik, Politik und Wirtschaft
- Größe der Lerngruppe: ca. 25 Schülerinnen und Schüler
- Dauer des Projekts: ca. 3 Monate
- Verwendete Methoden: Erzählen, Kugellager, Biografiearbeit, Lerntagebuch, Gruppenarbeit, leitfadengestützte Interviews, Ausstellung

Entwickelt und durchgeführt von der John-F.-Kennedy-Schule in Bad Vilbel

Projektbeschreibung

In ihrem Projekt „Erzähl mir deinen Koffer" haben Schülerinnen und Schüler der John-F.-Kennedy-Schule in Bad Vilbel ein interreligiöses, interkulturelles und intergeneratives Erzählcafé zum Thema religiöse und kulturelle Heimat ins Leben gerufen. In diesem sind sie mit Seniorinnen und Senioren aus den drei abrahamischen Religionen in einen Dialog getreten, um konkreten Formen des gelebten

Erzählcafés sind Orte der Begegnung, des Erzählens, des Kennenlernens, der Öffnung und Annäherung. Da die Atmosphäre eine besondere Rolle spielt, bietet es sich an, tatsächlich „bei Kaffee und Kuchen" eine informelle und offene Atmosphäre zu schaffen. Gerade in Fragen der Kommunikation, der Integration und des Zusammenlebens von Menschen mit heterogenen religiösen, kulturellen und ethnischen Verflechtungen innerhalb eines Ortes oder einer Stadt kommt Erzählcafés eine große Bedeutung zu. Wichtig ist es daher, dass Erzählcafés „Grenzen" überschreiten und z. B. religions-, kultur-, gender- oder auch generationsübergreifend ausgerichtet werden. Synagogen-, Kirchen- und Moscheengemeinden, ebenso wie die ihnen oft angegliederten Vereine, können dabei als wichtige Kooperationspartner dienen, von wo aus vielfältige Netzwerke geknüpft werden können.

Glaubens und der religiösen Beheimatung, individuellen Glaubens- und Lebensbiografien und lebendig verkörperter Geschichte zu begegnen.

Ziel des Projektes war es, Schülerinnen und Schülern zu Begegnung und Dialog mit Zeuginnen und Zeugen des Glaubens zu ermutigen und Formen des konstruktiven Gespräches, des Dialogs, des zielgerichteten Fragens und des aktiven Zuhörens einzuüben und in der konkreten Begegnung zwischen Religionen und Kulturen anzuwenden. Die Auseinandersetzung mit verschiedenen Religionen, Kulturen und Generationen im Rahmen eines Erzählcafés soll Schülerinnen und Schüler ferner umfassend über die vielfältigen subjektiv-biografischen und emotionalen Bedeutungen von Gotteshäusern für Juden, Christen und Muslime informieren und sie für eine angemessene Wahrnehmung von Verschiedenheit sensibilisieren. Durch das Einfühlen, Eintauchen und Eindenken in die fremden Erzählungen, Perspektiven und Bedeutungen können die Schülerinnen und Schüler intergenerative, interkulturelle und interreligiöse Empathiefähigkeit entwickeln.

Vorbereitung: Ein Lerntagebuch anlegen

Vor der ersten Begegnung im Erzählcafé gilt es, die **Schülerinnen und Schüler in einer fächerübergreifenden Kooperation thematisch auf den Dialog vorzubereiten.** Dies beinhaltet zum einen die thematische Einführung in Grundelemente des Glaubens der abrahamischen Religionen, der Gotteshäuser, der Kulturen und der Lebenssituationen alter Menschen (hier v. a. auch mit Zuwanderungsgeschichte), und zum anderen die Erarbeitung grundlegender Techniken und Traditionen des zielgerichteten Fragens, des Erzählens und des aktiven Zuhörens.

Eine umfassende und fundierte Wissensvermittlung ist grundlegende Voraussetzung für die Gestaltung eines konstruktiven Gesprächs. In der Vorbereitungs phase sollte außerdem ein **Lerntagebuch** angelegt werden, das während des gesamten Erzählcafé-Projekts der selbstgesteuerten Dokumentation, dem vertiefenden Verstehen und der umfassenden Reflexion des subjektiven interreligiösen und interkulturellen Lernprozesses der Schülerinnen und Schüler dient. In der Vorbereitungsphase ist es für den Lernprozess wichtig, dass Schülerinnen und Schüler die Möglichkeit bekommen, ihre Ängste und evtl. auch ihre Vorurteile gegenüber Fremden im Lerntagebuch zu verbalisieren, um diese im Verlauf der vielfältigen Begegnungen langsam in Wertschätzung und Anerkennung umzuwandeln. Ideen für Leitfragen, die Schülerinnen und Schüler zum einen ihre Ängste, Befürchtungen und Erwartungen vor Augen führen und zum anderen der Dokumentation, Sicherung und Steigerung der Erinnerungsfähigkeit des Gehörten dienen, sind der beigefügten Liste im Materialteil zu entnehmen (→ **M3, S. 82**).

Die Erfahrungen einiger Schulen haben gezeigt, dass es sich vor allem beim Dialog mit Zeuginnen und Zeugen des muslimischen Glaubens empfiehlt, ein erstes Kennenlernen zunächst in den Moscheegemeinden selbst stattfinden zu lassen, da es zum Abbau von Barrieren häufig eines ersten aktiven Aufeinanderzugehens bedarf.

In einer zweiten Vorbereitungsphase gilt es, ein erstes **vorbehaltloses Kennenlernen der Gesprächspartner zum Abbau von Fremdheit, Ängsten und Vorurteilen und zum Aufbau von Vertrauen, Intimität und Respekt zu initiieren.** Im Rahmen eines Gespräches nach der Kugellager-Methode bringt eine Kleingruppe von Schülerinnen und Schülern durch einfache gesprächseinleitende Interviewfragen an ein bis zwei Dialogpartner einen ersten ungezwungenen Austausch zwischen den Personen, Religionen, Kulturen und Generationen in Gang.

Ideen für Themen in den Fächern Religion/Ethik: Erzähltraditionen in den abrahamischen Religionen, die abrahamischen Gotteshäuser, Religion im Alltag, Vorbilder, der Sinn des Lebens, Ich und Andere.

Ideen für Themen im Fach Deutsch: die Kunst des Erzählens, Erzähltraditionen im Vergleich (z. B. orientalische und abendländische Erzählungen), Praktische Rhetorik (Gesprächs- und Redetechniken), Kindheit/Jugend damals und heute.

Ideen für Themen in den Fächern Politik und Geschichte: neuere Deutsche Geschichte, Weltgeschichte, Einwanderungspolitik in Deutschland, Leben in einer multikulturellen und multireligiösen Gesellschaft, politische und soziale Konfliktfelder.

Ideen für den Fremdsprachenunterricht: Auch die Fächer Englisch und Französisch können sich an einem solchen Projekt gut beteiligen. Neben non-fiktionalen Texten zu einigen der oben aufgeführten Sachthemen bieten sich auch autobiografische Texte aus anglofonen oder frankofonen Ländern an. Diese können als bereichernde Außenperspektive bzw. Vergleichspunkt dienen.

Tipp

Die Heterogenität der Schülerschaft in vielen Klassen eröffnet die Möglichkeit, auch **Eltern oder Großeltern** mit ihren vielfältigen religiösen und kulturellen Traditionen als authentische Vertreter der abrahamischen Religionen einzuladen und mit ihnen über ihre Erlebnisse und Erfahrungen mit Synagoge, Kirche und Moschee ins Gespräch zu kommen.

Interviewfragen nach Herkunft, Alltag, Familienstand und Interessen dienen dabei dem lockeren Gesprächseinstieg und legen den Grundstein für ein angst- und vorurteilsfreies, respektvolles und vertraut-personales Gesprächsklima. Denkbar sind auch Erzählstimuli (z. B. in Form von Halbsätzen oder offenen Fragen), die durch die Lehrkraft eingebracht werden. Der Lehrkraft kommt beim Erzählcafé insgesamt die Rolle der Moderatorin oder des Moderators zu. Sie organisiert den Gesprächsablauf, taktet durch Zeitintervalle (hier bieten sich 5–10 Minuten an) die Gesprächsrunden und sorgt allgemein für eine gemütliche, integrierende und vertraute Umgebung.

Durchführung: Interviews führen

Um sich den vielfältigen Bedeutungen von Gotteshäusern im Leben von Juden, Christen und Muslimen zu nähern, führen Schülerinnen und Schüler im Rahmen von Erzählcafés in regelmäßigen Abständen **leitfadengestützte narrativ-biografische Interviews zur persönlichen Bedeutung der Synagoge für Juden, der Kirche für Christen und der Moschee für Muslime.** Das regelmäßige Zusammenkommen ist ein elementarer Bestandteil der Gestaltung von Erzählcafés. Die Zeitabstände zwischen den Treffen sollten hinsichtlich der Erinnerungsfähigkeit der Schülerinnen und Schüler, der Ritualisierung und insbesondere der wachsenden Vertrautheit zwischen den Dialogpartnern nicht zu groß sein. Aus den Erfahrungen der Schulen empfiehlt sich ein Zusammentreffen im Ein- bis Zweiwochenrhythmus über einen Zeitraum von etwa 8–10 Wochen.

Die Grundidee des leitfadengestützten narrativ-biografischen Interviews ist es, zum einen eine klare thematische Struktur in das Gespräch einzubringen, zum anderen durch die Frageimpulse genug Raum für das freie biografische Erzählen von Erfahrungen und Erlebnissen zu lassen. Nur so kann es Schülerinnen und Schülern gelingen, durch Nachfragen und Reflexion die subjektiven Bedeutungen

Die Durchführungsphase gilt es in besonderem Maße durch das **Lerntagebuch** zu begleiten. Hier sollen zentrale Inhalte der Erzählungen festgehalten, weiterführende Fragen entwickelt und das Gehörte in Bezug auf eigene Erfahrungen reflektiert werden. Die Selbstreflexion ist in dieser Phase von besonderer Bedeutung, da die Schülerinnen und Schüler angeleitet werden, sich in die Lebensformen anderer Religionen und Kulturen hineinzudenken, diese zu deuten und sie mit ihrem eigenen Leben in Verbindung zu setzen. Vor allem in der Sekundarstufe I ermöglicht dies, den interreligiösen und interkulturellen Lernprozess für die eigene Identitätsbildung fruchtbar zu machen.

Die abrahamischen Religionen kennen eine Jahrhunderte alte **Tradition des Erzählens**. Kulturelle und religiöse Erzählungen dienen seither dazu, Werte und Traditionen weiterzugeben. Sie beinhalten häufig Schlüssel- und Ursprungserfahrungen, die dem Zuhörer Orientierung und Deutungsmöglichkeiten für die gegenwärtige Erfahrungswelt bieten sollen. Solche Erzählungen gibt es sowohl in schriftlicher als auch mündlicher Form. Gotteshäuser spielen dabei eine besondere Rolle, da sie explizit Räume und Zeiten zur Verkündigung der Botschaften aus Judentum, Christentum und Islam bereitstellen.

von Gotteshäusern zu erkennen und die Zusammenhänge und Verflechtungen von Glauben, Biografie, Kultur und Geschichte im Leben von Menschen zu verstehen. Dabei ist es wichtig, dass sich Schülerinnen und Schüler in ihren Kleingruppen nach der vorbereitenden Kennenlernphase auf die Dialogarbeit mit ein bis zwei Gesprächspartnern festlegen. Sie sollten in ihren Kleingruppen spezifische Leitfragen zu den jeweiligen Religionen entwickeln, ohne die trialogische Perspektive aus dem Blick zu verlieren. Ideen für **Leitfragen zur Gestaltung von narrativ-biografischen Interviews mit Zeuginnen und Zeugen der abrahamischen Religionen und Kulturen** können dem Materialteil entnommen werden (→ **M4, S. 83**).

Im Verlaufe der Gespräche sollten die Schülerinnen und Schüler selbstständig **Notizen machen** (u. a. Mind-Maps, Matrixdarstellungen, Baumstruktur), die ihr aktives Zuhören unterstützen und als Grundlage zur Erinnerung bei der **Dokumentation und Reflexion der Gespräche im Lerntagebuch dienen.** Die Einträge in das Lerntagebuch sollten jeweils direkt im Anschluss an das Gespräch vorgenommen werden.

Reflexion: Den Koffer packen

Im Anschluss an die Erzählcafés reflektieren die Schülerinnen und Schüler sowohl in den Lerntagebüchern als auch später im Unterricht intensiv die Erlebnisse und Erfahrungen mit Gotteshäusern. Schülerinnen und Schüler deuten behutsam das Erzählte und setzten ihre Interpretationen der biografischen Erzählungen kreativ in ihren Kleingruppen in **Themenkoffern** um. Dabei packen sie Koffer zu den jeweiligen Zeuginnen und Zeugen des Glaubens, die deren spezifische Biografie mit ihren individuellen Beziehungen zu Synagoge, Kirche oder Moschee illustrieren sollen. Hier bietet es sich an, dass die Schülerinnen und Schüler im Verlauf der Projektphase erneut mit ihren Dialogpartnern kooperieren, um evtl. Erinnerungsstücke, Bilder und Fotos einzubauen. Die Schülerinnen und Schüler formulieren darüber hinaus kurze Steckbriefe und Texte oder gestalten Collagen und Plakate, die bei einer Ausstellung die Kofferinstallation komprimiert und pointiert beschreiben. Sie üben außerdem **Präsentationstechniken** ein, die zu einer lebendigen Führung durch die Ausstellung beitragen. Der Kreativität der Schüler sind dabei keine Grenzen gesetzt. Neben der künstlerischen Gestaltung können Schülerinnen und Schüler auch über eine musische Untermalung im Rahmen ihrer Kofferinstallation und -präsentation nachdenken. Eine **fächerübergreifende Kooperation** zwischen den Fächern Kunst, Deutsch, Musik und Religion bietet sich an.

Die John.-F.-Kennedy-Schule hat die Projektphasen filmisch aufwendig dokumentiert. Die Filmabschnitte wurden in der Reflexionsphase von einer Kleingruppe geschnitten. Ein solcher Film eignet sich zur Einführung in die Ausstellung. Die Schülerinnen und Schüler können auf diese Weise nicht nur ihre Medienkompetenz erweitern, sondern auch sich selbst und ihr Handeln in den Gesprächen bewusst wahrnehmen und reflektieren.

Vertiefung: Den Koffer präsentieren

Am Ende des Projektes „Erzähl mir deinen Koffer" gestalten die Schülerinnen und Schüler eine **Ausstellung von Kofferinstallationen**, die eine breite Öffentlichkeit in die vielfältigen subjektiv-biografischen Bedeutungen von Gotteshäusern im Leben von Menschen verschiedener religiöser, kultureller und geschichtlicher Prägung einführen. Als Orte für eine solche Ausstellung eignen sich neben der Schule auch Gemeindehäuser, Vereinsheime oder Orte des öffentlichen Lebens in der Stadt. Hier bietet sich ähnlich wie beim Projekt Kinderkirchenführer an, eine erste Führung für die Schulgemeinschaft, die Eltern- und Lehrerschaft anzubieten, bevor auch andere Personenkreise wie z. B. Synagogen-, Kirchen- und Moscheegemeinden, Altersheime, Kulturvereine und andere Schulen angesprochen werden. Vorteil der Kofferinstallationen ist, dass sie als Ausstellung nicht an einen festen Ort gebunden ist, sondern in bestimmten Abständen in unterschiedlichen lokalen, religiösen und kulturellen Räumen zu Gast sein kann. Ziel des Projektvorhabens Erzählcafé sollte es sein, über die Schule hinaus im lokalen Umfeld und an außerschulischen Institutionen interkulturell, interreligiös und intergenerativ verbindend und verständigend zu wirken.

Tipp

Als **Alternative zur Kofferinstallationen** empfiehlt sich die Gestaltung eines Fotobildbandes. So hat die Integrierte Gesamtschule Stierstadt in ihrem Projektvorhaben jahrgangsspezifische Erzählcafés durchgeführt und die Ergebnisse in Form eines Bildbandes festgehalten. In diesem haben die Schülerinnen und Schüler die subjektiv-biografischen Bedeutungen von Religion, Kultur und Gotteshaus ihrer eigenen Generation, ihrer Eltern- und Großelterngeneration auf Fotos festgehalten und durch Impulstexte kommentiert. Neben der Erstellung eines Bildbandes kann dabei auch eine Fotoausstellung in der Schule oder den Gemeinden initiiert werden.

Projektvariante für die Sekundarstufe II

Projekt

Von Gotteshäusern erzählen

- Schulform: Gymnasium
- Beteiligte Jahrgangsstufen: Jahrgangsstufen 11 – 13
- Beteiligte Fächer: Religion, Geschichte
- Größe der Lerngruppe: ca. 15 – 30 Schülerinnen und Schüler
- Dauer des Projektes: ca. 4 Wochen
- Verwendete Methoden: Einzelarbeit, Gruppenarbeit, Podiumsdiskussion

Entwickelt und durchgeführt von der St. Lioba Schule in Bad Nauheim

Projektbeschreibung

In ihrem Projektvorhaben „Erzählcafé Abraham" haben Schülerinnen und Schüler ein themenzentriertes Erzählcafé zum Thema „Gott wohnt in vielen Häusern" durchgeführt. In Kooperation mit dem bereits existierenden Erzählcafé im lokalen Umfeld hat die Schule Vertreter der jüdischen, christlichen und muslimischen Gemeinde vor Ort eingeladen, um mit den Schülerinnen und Schülern in entspannter Atmosphäre in einen Austausch über die Bedeutung der heiligen Räume in den abrahamischen Religionen zu treten. Dabei war es Ziel, dass die Schülerinnen und Schüler ihr im Fachunterricht erworbenes Wissen über die drei abrahamischen Religionen und ihre Gotteshäuser konstruktiv in das Gespräch mit den Zeuginnen und Zeugen der drei Religionen einbringen und mit diesen diskutieren sollten.

Durchführung: Eine Podiumsdiskussion organisieren

Im Rahmen eines Erzählcafés zum Thema „Gott wohnt in vielen Häusern" können folgende Themen bearbeitet werden:
Judentum: der mosaische Ursprung, zwischen Tempelbau und Diaspora, Architektur und Funktion der Synagoge, Feste und Feiern im Judentum, Tora und Talmud.
Christentum: die Kirche zwischen Sakralität und sozialem Raum, konfessionelle Unterschiede der Kirchen, Profanisierung, aus Kirchen werden Moscheen?
Islam: Architekturvorschriften und multifunktionale Nutzung von Moscheen, Gebetsorte, der Koran, die fünf Säulen des Islams und die sechs Glaubensgrundsätze, Fundamentalismus und Radikalisierung.
Trialogische Perspektive: Funktion von Religion im Alltag der Menschen, Gastfreundschaft in Gotteshäusern, Gemeinsamkeiten und Unterschiede.

Die Einrichtung und thematische Ausrichtung eines Erzählcafés im Rahmen des Oberstufenunterrichtes erlaubt es, über das biografische Begegnungslernen hinaus Formen der **diskursiven Auseinandersetzung mit den Bedeutungsstrukturen von Synagoge, Kirche und Moschee für Gläubige** zu finden. **Das Erzählcafé im Rahmen des Oberstufenunterrichts kann somit ähnlich wie eine Podiumsdiskussion gestaltet werden.** Dabei erzählen zunächst Zeuginnen und Zeugen von der Bedeutung der Synagoge für Juden, der Kirche für Christen und der Moschee für Muslime, bevor der Austausch und Rückfragen initiiert werden. Kontroverse, spezifische und umfangreiche Fragen können dabei bereits im Fachunterricht vorbereitet werden. Insgesamt ist die angemessene inhaltliche Vertiefung in einer fächerübergreifenden Kooperation zur angemessenen Vorbereitung der Schülerinnen und Schüler auf den Dialog im Erzählcafé unabdingbar.

Hinsichtlich des Zusammenlebens in einer pluralen Gesellschaft und dem Ziel der Verständigung, der Verbindung und der Anerkennung mittels des Dialogs sollte im Oberstufenunterricht verstärkt auch eine trialogische Perspektive in das Gespräch über heilige Räume aufgenommen werden. Die diversen subjektiv-biografischen sowie religiös-kulturellen Bedeutungen von Synagoge, Kirche und Moschee sollten somit in einer Diskussion über Formen der Verständigung, des Miteinanders und des modernen Sakralbaus aufgenommen werden. Schülerinnen und Schüler der Oberstufe sollten in der Lage sein, sich punktuell in die verschiedenen Formen, Regeln und Bedeutungen von Gotteshäusern für Menschen respektvoll einzudenken und flexibel mit den diversen religiösen und kulturellen Optionen umzugehen bzw. diese situationsspezifisch zu reflektieren und zu wählen.
Die Durchführung des Projektes Erzählcafé in der Sekundarstufe II kann auch hier durch die Arbeit an einem Lerntagebuch reflektiert und gesteuert werden. Dabei sollten die Leitfragen jedoch stärker als in der Sekundarstufe I kognitiv und inhaltlich vernetzend ausgerichtet werden.

Tipp

Folgende Inhalte wurden in einer fächerübergreifenden Kooperation an der St. Lioba-Schule erarbeitet:

Ideen für Inhalte im Fach Geschichte/Politik: Strukturmerkmale traditioneller europäischer Gesellschaften, Religionsfreiheit (zwischen säkularer Neutralität, religiöser Individualität und einem Dialog), Antisemitismus und Islamfeindlichkeit.

Ideen für Inhalte im Fach Englisch: Tradition and Change: Religious Conflicts in Great Britain, Multiculturalism and Multireligiosity.

Ideen für Inhalte im Fach Kunst: Sakralraum Architektur (Epochen), Türkischer Moscheebau.

Ideen für die Fächer Religion/Ethik: Heilige Räume: Synagoge, Kirche und Moschee und ihre Gestaltung, Religionsphänomenologische Theorien (Religion erfahren), Umgang mit dem Heiligen des Anderen, Formen der Verständigung – das Weltethosprojekt.

Möglichkeiten zur weiteren Deutung von heiligen Räumen im Gespräch

Das Erzählcafé ist eine Form des Projektlernens, in der die subjektiv-biografischen und kognitiv-diskursiven Dimensionen im Gespräch verbunden werden können. Auch transnationale, interreligiöse und interkulturelle Gespräche zwischen Peers eignen sich auf besondere Art und Weise für die umfassende Deutung von heiligen Räumen. Jedoch darf der Dialog zwischen den Religionen und Kulturen auch Konfliktthemen nicht ausblenden. Die Deutung von heiligen Räumen im Gespräch kann somit auch in Form eines respektvollen und konstruktiven Streitgespräches geführt werden.

Interkulturelle Dialoge planen

Projekt

- Schulform: Gymnasium
- Beteiligte Jahrgangsstufen: Klassen 8–11
- Beteiligte Fächer: Deutsch, Kunst, Englisch, Religion und Ethik
- Größe der Lerngruppe: 25–30 Schülerinnen und Schüler
- Dauer des Projektes: ca. 8–12 Wochen
- Verwendete Methoden: Projektarbeit, Erzählen, Präsentation, Modellbau

Entwickelt und durchgeführt vom Christian von Mannlich Gymnasium in Homburg an der Saar

Projektbeschreibung

Im Rahmen des Projektvorhaben „Jugendwelten hier und dort" nahmen Schülerinnen und Schüler in Kleingruppen via E-Mail und internetbasierter Videotelefonie Kontakt mit Jugendlichen aus Israel, Syrien und Gaza auf, um mit ihnen in ein Gespräch über persönliche heilige Räume zu treten. Neben dem Austausch über private ‚heilige' Räume (Jugendzimmer), entstand ein persönliches Gespräch über die Lebenswelten und die Bedeutung von Gotteshäusern im Leben der Jugendlichen.
Das **transnationale und transkulturelle Gespräch stellt eine besondere Form des interreligiösen und interkulturellen Begegnungslernens dar,** da Schülerinnen und Schüler auf diese Art authentische und umfassende Einblicke in die sozialen, religiösen, kulturellen, politischen und geschichtlichen Zusammenhänge in anderen Ländern erhalten. Diese gilt es, im Projektverlauf auf die Lebenswelten der Schülerinnen und Schüler in Deutschland interkulturell und interreligiös sensibel zu deuten und konstruktiv zu verarbeiten.

Dieses Projekt eröffnet die Möglichkeit, die **Mehrsprachigkeit** von Schülerinnen und Schülern **als Potenzial** konstruktiv und wertschätzend aufzugreifen. So bietet es sich an, dass Schülerinnen und Schüler mit Zuwanderungsgeschichte Kontakt zu Jugendlichen in den Herkunftsländern ihrer Familien aufbauen und in der Kleingruppenarbeit u. a. als Übersetzerinnen oder Übersetzer einspringen. Insgesamt erfordert das Projekt von allen Beteiligten einen angemessenen Grundwortschatz im Englischen, das in diesem Fall als Lingua franca dient.

Vorbereitung: Einen Gesprächsleitfaden erstellen

Bei der Vorbereitung auf transnationale Gespräche zwischen Jugendlichen in Deutschland und Jugendlichen in jüdisch, christlich und muslimisch geprägten Ländern gestaltet sich vermutlich vor allem die Suche nach Kooperationspartnern komplex. Hilfreich können dabei internationale Partnerstädte, persönliche Kontakte der Lehrerinnen und Lehrer ebenso wie der Schülerinnen und Schüler sein. Ist der Kontaktaufbau gelungen, so gilt es die Schülerinnen und Schüler in einer fächerübergreifenden Kooperation (hier sollten vor allem die Fächer Religion, Ethik, Geschichte, Politik, Deutsch und Englisch kooperieren) thematisch auf die jeweilige Religion, die gesellschaftspolitischen Situationen vor Ort sowie die Grundtechniken und das notwendige Vokabular für transnationale und transkulturelle Gespräche vorzubereiten. Die Entwicklung und Erstellung eines Gesprächsleitfadens sollte auch hier besonders bedacht werden.

Durchführung: Mind-Maps entwickeln

Nach einer Kennenlernphase zu Beginn der transnationalen Gespräche sollte der Fokus auf einen Austausch zum Thema heilige Räume gelegt werden. Wichtig ist dabei, dass die Schülerinnen und Schüler in Form von **Mind-Maps** und anderen Formen des Notizenmachens sich ein umfassendes Bild der heiligen Räume und der Bedeutung von Synagoge, Kirche und Moschee im Leben von Jugendlichen in jüdisch, christlich oder muslimisch geprägten Ländern machen. Die Kleingruppen stellen ihre Gesprächspartner durch die Deutung ihrer Erzählungen in **Präsentationen** vor, sodass ein transnationaler, interkultureller und interreligiöser Vergleich der Bedeutungsstrukturen stattfinden kann. Damit dies gelingen kann und auch die subjektive Auseinandersetzung der Schülerinnen und Schüler mit dem Thema verstärkt wird, sollten sie in der Arbeit an Lerntagebüchern ihren subjektiv-biografischen „heiligen" Räumen und der Bedeutung von Sakralräumen für ihr Leben auf die Spur kommen. Unterstützt werden kann dieser Reflexionsprozess durch eine **künstlerisch-kreative Vertiefung**, in der Schülerinnen und Schüler Modelle und Zeichnungen von heiligen Räumen Jugendlicher hier und dort gestalten, die auch in einer Ausstellung präsentiert werden können.

Projekt

Moscheebaukonflikte diskutieren

- Schulform: Kooperative Gesamtschule
- Beteiligte Jahrgangsstufen: Klassen 9–10
- Beteiligte Fächer: Religion, Ethik, Englisch, Politik und Wirtschaft
- Größe der Lerngruppe: 25–30 Schülerinnen und Schüler
- Dauer des Projektes: ca. 3 Monate
- Verwendete Methoden: Spiralcurriculum, Projektarbeit, Interviews und Umfragen

Entwickelt und durchgeführt von der Georg-Ackermann-Schule in Breuberg

Projektbeschreibung

In diesem Projekt haben sich Schülerinnen und Schüler umfassend um eine Verbesserung der Kommunikationsstrukturen zwischen den diversen Interessengruppen in der Stadt Breuberg bemüht, die in der Diskussion um einen Moscheeneubau unterschiedliche Auffassungen vertraten. Dabei wurden in trialogisch ausgerichteten Gesprächen, Interviews und inhaltlichen Vertiefungen, Fragen der

subjektiv-biografischen Bedeutung von Gotteshäusern, der abrahamischen Religionen, der Integration und der gelingenden Kommunikation erörtert.
Ziel des Projektes war es, Schülerinnen und Schüler im **sensiblen und respekt vollen Streitgespräch zu einer interkulturellen und interreligiösen Dialog- und Konfliktfähigkeit zu führen und sie für die Notwendigkeit eines gelingenden Miteinanders der drei abrahamischen Religionen und Kulturen zu sensibilisieren.**

Der **Moscheebaukonflikt** eignet sich aufgrund seiner Aktualität und seiner ‚Relevanz' im deutschen Kontext besonders als Konfliktthema. Doch erfordert dieses Thema ein hohes Maß an Sensibilität, Offenheit und Achtung, um angemessen mit Irritationen und konfliktreichen Begegnungen umzugehen. Auch sollte die Suche nach Alternativen und Lösungsmöglichkeiten stets im Blick behalten werden.

Vorbereitung: Fachwissen vermitteln

Ausgangspunkt für das Projekt kann der geplante Bau einer Moschee vor Ort ebenso wie medial bekannte Konflikte in anderen Städten sein. Die im Rahmen eines geplanten Moscheebaus häufig **offensichtlich werdenden Irritationen und Missverständnisse auf allen Seiten sind Anknüpfungspunkt für einen interkulturellen und interreligiösen Lernprozess.** Diese gilt es im Fachunterricht (hier primär: Religion, Ethik, Geschichte und Politik) aufzudecken, zu diskutieren und inhaltlich zu vertiefen. Dabei sollte der Stoff in einem **fächerübergreifenden Spiralcurriculum** verankert werden, der es den Schülerinnen und Schülern ermöglicht, die Themen im Laufe des Projektes mehrfach zu vertiefen und möglichst differenziert zu beleuchten.

Durchführung: Eine Infobroschüre erstellen

Diese spiralförmige thematische Erarbeitung wird durch die **selbstgesteuerte Projektarbeit** der Schülerinnen und Schüler unterstützt. In Kleingruppen treten sie dabei in Gespräche mit den diversen Gruppen, die in die Auseinandersetzung um den Moscheebau involviert sind. In Form von Interviews, Gesprächen und Diskussionen mit Vertretern der Politik, der Gläubigen, der Verbände, der Synagogen-, Kirchen- der Moscheegemeinden ebenso wie der Bevölkerung erörtern Schülerinnen und Schüler Konfliktfelder und Kommunikationsstrukturen. Im Unterricht tragen die Schülerinnen und Schüler ihre Ergebnisse zusammen, reflektieren und deuten diese vor dem Hintergrund der Frage nach Formen der gelingenden Kommunikation zwischen den verschiedenen Gesprächspartnern. Ziel sollte es sein, dass die Schülerinnen und Schüler einen **Leitfaden in Form einer Broschüre erstellen,** der die Öffentlichkeit umfassend über die Bedeutung der Moschee für Muslime informiert, diverse Bauformen diskutiert, typische Missverständnisse beseitigt bzw. verhindert und konstruktive Ideen für ein funktionierendes Gespräch über den Bau von Synagoge, Kirche oder Moschee aufzeigt.

Folgende Aspekte sollten einbezogen werden:
Religionsbezogene Aspekte: die Bedeutung der Moschee für Muslime, die Gestaltung, Multifunktionalität von Moscheen; trialogische Perspektive: christliche und jüdische Positionen, Grenzen der Religionsfreiheit
Raumbezogene Themen: Formen des Moscheebaus, architektonisch-ästhetische Gestaltung, Moscheebau als sichtbares Zeichen der Integration, Baurecht
Ethnisch-kulturelle Aspekte: Ängste, Konflikte und Chancen des Zusammenlebens in einer religiös, kulturell und ethnisch pluralen Gesellschaft, Perspektiven des Miteinanders
Kommunikationsstrukturen als Thema: Kommunikations- und Informationsprobleme, Strategien und Perspektiven einer funktionierenden Kommunikation

Baustein 3

Heilige Räume gestalten

Eine weitere Form, bei der sich Schülerinnen und Schüler Gotteshäuser aktiv und ganzheitlich erschließen und ihre Beobachtungen und Erfahrungen in Synagoge, Kirche und Moschee reflektieren können, ist die künstlerische Gestaltung religiöser Räume bzw. Räume der Stille. Eine solche kreative Gestaltung umfasst dabei immer zwei Lerndimensionen: Zum einen bietet die künstlerisch-handwerkliche Nachgestaltung neue Zugänge und Perspektiven auf Architektur, Gestaltung und Symbolik in den drei Religionen. Zum anderen kann durch die Gestaltung – sei es als Planspiel, sei es als konkrete Gestaltung eines Gebetsraums in der Schule – ein konstruktives Miteinander von Schülerinnen und Schülern verschiedener Religionen im Sinne trialogischen Lernens angeregt werden. Für den interreligiösen und interkulturellen Lernprozess ist dabei von entscheidender Bedeutung, dass sich Schülerinnen und Schüler Fachwissen zu den Sakralbauten in den abrahamischen Religionen so aneignen und verarbeiten, dass sie dieses anschließend bei der Gestaltung von religiösen Räumen in kundiger und problembewusster Weise aktiv und kreativ anwenden können. Der Baustein 3 bietet eine ganze Palette von Ideen und Anregungen für die Gestaltung solcher Lernprozesse.

Angestrebte Kompetenzen

Kompetenz 1.1:
Schülerinnen und Schüler stellen die Bedeutung der drei abrahamischen Religionen für die europäische Kulturgeschichte dar.
Kompetenz 1.2:
Schülerinnen und Schüler nehmen Zeichen, Zeugnisse und Zeugen der abrahamischen Religionen und Traditionen bewusst wahr.
Kompetenz 2.2:
Schülerinnen und Schüler nehmen konstruktiv am Dialog teil und leisten einen Beitrag zur zwischenmenschlichen Verständigung.
Kompetenz 3.1:
Schülerinnen und Schüler setzen sich mit Konfessionen, Religionen und Weltanschauungen anderer Kinder und Jugendlicher auseinander.
Kompetenz 3.2:
Schülerinnen und Schüler begegnen Menschen anderer kultureller und religiöser Kontexte mit Respekt, Interesse und Wertschätzung.
Kompetenz 4.1:
Schülerinnen und Schüler setzen sich mit ihrem eigenen Glauben und ihrer eigenen Weltanschauung auseinander.
Kompetenz 5.1:
Schülerinnen und Schüler eröffnen Perspektiven des abrahamischen Trialogs für Schulprofil und -gemeinschaft.
Kompetenz 5.2:
Schülerinnen und Schüler entwickeln Formen der Verständigung und der Zusammenarbeit mit außerschulischen Institutionen und ihrem lokalen Umfeld.

Das Projekt Lebensräume – Lebensträume

Einen trialogischen Raum gestalten

- Schulform: Berufsbildende Schule
- Beteiligte Jahrgangsstufen: Klassen 11 und 12
- Beteiligte Fächer: Kunst, Religion, Musik
- Größe der Lerngruppe: ca. 20–30 Schülerinnen und Schüler
- Dauer des Projektes: ca. 12–16 Wochen
- Verwendete Methoden: Gruppenarbeit, Projektarbeit, kunsthandwerkliche Gestaltung, kooperatives Lernen

Entwickelt und durchgeführt von der Fachschule für Sozialwesen in Speyer

Projekt

Projektbeschreibung

Sollte die Gestaltung eines ganzen Raumes nicht möglich sein, bietet es sich an, dieses Projekt in abgewandelter Form in einer Ecke des Klassenraumes durchzuführen. Das vorgestellte Projekt kann verkürzt werden, indem es innerhalb von vier Wochen in einer fächer- und jahrgangsübergreifenden Kooperation im Vorfeld einer Projektwoche vorbereitet und durchgeführt wird. Die Reflexions- und Vertiefungsphase könnte dann in der Projektwoche stattfinden.

In ihrem Projekt „Lebensräume – Lebensträume" hat die Fachschule für Sozialwesen in Speyer den bestehenden Raum der Stille in ihrer Schule nach einer intensiven Auseinandersetzung mit den abrahamischen Religionen und ihren Gotteshäusern in einen trialogischen Andachtsraum umgestaltet. Dabei wurde die Wahrnehmung und Erschließung der Sakralräume zum Ausgangspunkt für einen handlungs- und produktorientierten Gestaltungsprozess, in dem Schülerinnen und Schüler ihre Visionen eines gemeinsamen Gebetsraums der drei Religionen umsetzen konnten.

Ziel des Projektes war es, Schülerinnen und Schüler nicht nur für die Bedeutung der Gotteshäuser von Juden, Christen, Muslime zu sensibilisieren, sondern auch auf die Gestaltung trialogischer Andachtsräume in einer religiös und kulturell zunehmend pluralen Gesellschaft vorzubereiten.

Vorbereitung: Ein Stationenlernen organisieren

Jede Form der Gestaltung von Gotteshäusern setzt religionskundliches Orientierungs- und Handlungswissen voraus. Daher werden Schülerinnen und Schüler in der Vorbereitungsphase in drei Gruppen eingeteilt – Judentum, Christentum und Islam –, **in denen sie sich Sachwissen zu den abrahamischen Religionen und ihren Gotteshäusern in einer fächerübergreifenden Kooperation mithilfe eines Stationenlernens** erarbeiten. Neben der Präsentation der Informationen sollte an den Stationen immer auch die eigenständig künstlerische Auseinandersetzung mit den Themen an den Stationen gefördert werden. Ergänzt wird das Stationenlernen durch dialogische Führungen in Synagoge, Kirche und Moschee, in denen die Schülerinnen und Schüler Aspekte von Architektur, Kunst und Symbolsprache ergänzend vertiefen können. Dabei sollen die eigenen Erfahrungen mit und in heiligen Räumen zu einem wichtigen Element im späteren Gestaltungsprozess werden. Parallel zum Stationenlernen wird der Raum, der im Projekt gestaltet werden soll, leer geräumt und weiß gestrichen.

Tipp

Folgende Inhalte eignen sich für ein Stationenlernen zur umfassenden Erschließung heiliger Räume.

Ideen für das Fach Kunst: Raumwirkung; Grundlagen der Installationskunst; religiöse Farbsymbolik; jüdische/christliche/muslimische Kunst, Architektur, Symbolik, Schrift; Kalligraphie und Mosaike; insbesondere sollte die eigenständige künstlerische Auseinandersetzung mit den Religionen gefördert werden.
Ideen für die Fächer Religion/Ethik: Grundlagen der abrahamischen Religionen und ihrer Gotteshäuser; Bedeutung religiöser Räume; religionspädagogische Auseinandersetzung mit der Bedeutung und Funktion eines Raumes der Stille; Meditationsübungen.
Ideen für das Fach Musik: Klangräume und Klangwirkungen; jüdische, christliche und muslimische Klänge (Lieder, Instrumente, Musik); Bedeutung von Musik für die Religionen. Darüber hinaus lassen sich Ideen für Themen anderer Fächer den Tipp-Kästen der Bausteine 1 und 2 entnehmen.

Durchführung: Jüdische, christliche und muslimische Räume gestalten

Der leere Raum wird nun wieder mit Leben gefüllt. Dazu entwickelt jede Gruppe ein **Raumgestaltungskonzept** für die ihr zugewiesene Religion. Die Schülerinnen und Schüler überlegen gemeinsam, welche bedeutsamen Elemente ein Andachtsraum aus Sicht der jeweiligen Religionen umfassen sollte. Einrichtungsgegenstände werden dazu von ihnen selbstständig nachgestaltet – z. B. Symbole aus den Religionen, Illustrationen von Geschichten aus der Bibel, Plastiken, Ornamente, Kacheln, Kalligraphien und Mosaike. Schritt für Schritt werden die Konzepte nun umgesetzt, indem die **Schülergruppen den leeren Raum für jeweils einige Tage in einen jüdischen, dann in einen christlichen und schließlich in einen muslimischen Andachtsraum umgestalten.**

Besonderes Augenmerk kann dabei auch auf die Gestaltung der Türen als Eingangsportale gelegt werden. Zum einen trennt das Portal den Raum der Stille deutlich von Schulflur und Schulalltag ab und ist Eingang zu einem anderen Ort, der ein gewisses Verhalten bzw. das Befolgen von bestimmten Regeln verlangt (Ruhe, Schuhe ausziehen, Anziehen von ritueller Kleidung). Zum anderen kann bereits das Portal wichtige religiöse Bezüge aufweisen, die bei der Gestaltung nicht außer Acht gelassen werden sollten.

Die jeweiligen Rauminstallationen sollten ein paar Tage aufgebaut bleiben, sodass alle Schülerinnen und Schüler die Möglichkeit haben, den jüdisch, christlich bzw. muslimisch gestalteten Raum umfassend wahrzunehmen und zu erleben.

Im Anschluss an das individuelle Erleben und Einfühlen führen die jugendlichen Künstler ihre Mitschüler durch den Raum, erklären religiöse Symbole und Gegenstände und erläutern ihr jeweiliges Raumkonzept.

Im Rahmen der Führungen empfiehlt es sich, dass Schülerinnen und Schüler Elemente einer geistlichen Führung aufnehmen und z. B. eine Meditation anleiten, eine Lesung bzw. Rezitation aus Tora, Bibel und Koran vortragen, Gesänge oder Lieder einspielen, gemeinsam Gebetshaltungen einnehmen, evtl. sogar gemeinsam ein Gebet aus Judentum, Christentum und Islam sprechen.

Folgende Gegenstände und Symbole wurden von den Schülerinnen und Schülern bei den Rauminstallationen ausgewählt:

Rauminstallation Judentum: Kippa, Menora, Mesusa, Tallit, Tefillin; Stuhl (Symbol: Wunsch, dass das jüdische Volk endlich sesshaft werden kann); Kofferberg, Schädel, Brillen, Kleidung (Erinnerung an die Schoah), frischer Austrieb (Symbol: Hoffnungsschimmer); musikalische Untermalung: Ernest Bloch „The Prayer".

Rauminstallation Christentum: zu Weihnachten: eine selbst gestaltete Krippe, großes Dielenkreuz, auf dem eine Bibel, ein gestaltetes Vaterunser, ein Brot und ein Kelch lagen; eine Taube an der Decke (Symbol: heiliger Geist); Drehlampe mit urchristlichen Symbolen (Ichtys – Fisch, Ankerkreuz, Christusmonogramm, Alpha und Omega); musikalische Untermalung: gregorianische Gesänge.

Rauminstallation Islam: am Eingang: Schuhregal, Schilder zur nächsten Waschgelegenheit sowie Hinweise zur rituellen Waschung; Darstellung der Gebetshaltungen, Gebetsteppiche, fünf weiße Sockel (Symbol für die fünf Säulen des Islams), Bodenmosaik, Kalligraphiefahne mit Gebetssure nach Mekka ausgerichtet, selbstgestaltete Ornamentfliesen, Rosenwasserduft; musikalische Untermalung: Ruf des Muezzin.

Tipp

Reflexion: Ein abrahamisches Gesamtkonzept entwickeln

In einer **Reflexionsphase** erörtern die Schülerinnen und Schüler nun Gemeinsamkeiten und Unterschiede in der Gestaltung und Einrichtung der Gotteshäuser der drei abrahamischen Religionen. Dabei deuten sie interkulturell und interreligiös sensibel die Bedürfnisse, die gläubige Juden, Christen und Muslime in Bezug auf einen trialogischen Raum der Stille haben könnten. Die **kooperative Entwicklung des abschließenden Raumkonzeptes als trialogischer Raum der Stille** verläuft dabei in einem Dreischritt bzw. je nach Klassensituation auch einem Vierschritt. Die Visionen für diesen trialogischen Raum werden von den Schülerinnen und Schülern in einem ersten Schritt in Einzelarbeit skizziert oder auch modelliert. In einem zweiten Schritt tauschen sich die Schülerinnen und Schüler dann über ihre Visionen und Modelle aus und skizzieren ein gemeinsames Modell. In einem dritten bzw. vierten Schritt wird dann im Plenum aus diesem Pool an trialogischen Träumen und Visionen ein gemeinsames Raumkonzept entwickelt.

Vertiefung: Einen trialogischen Gebetsraum gestalten

Die Erfahrungen der Fachschule für Sozialwesen Speyer haben gezeigt, dass die Schulleitung sowie die betroffenen Fachschaften in die Konzeption unbedingt einbezogen werden müssen. Da es sich hinsichtlich der Nachhaltigkeit des Projektes um eine permanente Gestaltung des Raumes handeln sollte, müssen u.a. auch Fragen des Brandschutzes, der Finanzierung und der nachhaltigen Nutzung bedacht werden.

Im letzten Schritt geht es um die konkrete Umsetzung des gemeinsamen Raumkonzeptes. Die Schülerinnen und Schüler **gestalten nun ihre Vision eines Miteinanders der abrahamischen Religionen in einem trialogischen Raum der Stille.** Nach Fertigstellung des Raumes sollten die Schülerinnen und Schüler dann ihre Mitschülerinnen und Mitschüler sowie ihre Lehrerinnen und Lehrer in die Benutzung des Raumes einführen. Neben der Erläuterung der Elemente und Symbole gilt es hier, auch auf Regeln zum Umgang mit dem Raum und vor allem mit den darin befindlichen Kultgegenständen hinzuweisen. Der Raum kann dann von Schulklassen, Lehrern und einzelnen Schülerinnen und Schüler genutzt werden und sollte daher – wenn möglich – nicht abgeschlossen werden.

Fotos des trialogischen Gebetsraums der Fachschule für Sozialwesen in Speyer

Projektvariante für die Sekundarstufe I

Sakrale Fenster gestalten

- Schulform: Gymnasium
- Beteiligte Jahrgangsstufen: Klassen 7 und 8
- Beteiligte Fächer: Kunst und Religion
- Größe der Lerngruppe: 15–30 Schülerinnen und Schüler
- Dauer des Projektes: ca. 3–6 Wochen
- Verwendete Methoden: Projektarbeit, bildnerisches Gestalten, kunsthandwerkliches Gestalten

Entwickelt und durchgeführt vom Georg-Büchner-Gymnasium in Bad Vilbel

Projekt

Projektbeschreibung

Um alle Altersstufen in die trialogische Gestaltung sakraler Räume einzubeziehen, bietet es sich an, Schülerinnen und Schüler der Sekundarstufe I die Gestaltung einzelner jüdischer, christlicher und islamischer Elemente und Einrichtungsgegenstände vornehmen zu lassen. Im Rahmen des Projektvorhabens „Fensterstreich" haben Schülerinnen und Schüler des Georg-Büchner-Gymnasiums in Anlehnung an die Chagall Fenster in der Kirche St. Stephan in Mainz ‚trialogische' Fenster gestaltet. Die Schülerinnen und Schüler haben dabei ihre selbst entworfenen Bilder auf Acrylglasplatten gemalt und diese in einer Ausstellung präsentiert.

Ziel des Projektes war es, dass bereits jüngere Schülerinnen und Schüler sich kreativ mit den abrahamischen Religionen und ihren Gotteshäusern auseinandersetzen und so die Form- und Symbolsprache der drei Religionen kennenlernen können.

Im Rahmen des Religionsunterrichts sollten neben Grundlagen der abrahamischen Religionen, ihrer Gotteshäuser und Symbolik auch **Besonderheiten und Bedeutung sakraler Fenster** erarbeitet werden. Im Kunstunterricht gilt es, umfassend in die Kunst der Glasmalerei ebenso wie in die Formensprache der Kunst in Judentum, Christentum und Islam einzuführen.

Durchführung: Ein trialogisches Fenster komponieren

Anknüpfungspunkt für die **Gestaltung trialogischer Sakralfenster** sind dialogische Führungen durch Synagoge, Kirche und Moschee, die einen besonderen Fokus auf die Gestaltung und Bedeutung sakraler Fenster legen. Zur Nachbereitung der Führungen sollten Unterrichtsgespräche im Rahmen einer fächerübergreifenden Kooperation (hier vor allem Religion/Ethik und Kunst) stattfinden. Die Frage nach Gemeinsamkeiten und Unterschieden der abrahamischen Religionen, der Gotteshäuser und der Formensprache sollten dabei besondere Berücksichtigung finden. Hier gestalten die Schülerinnen und Schüler nun in Einzelarbeit zunächst auf Papier ein sakrales trialogisches Fenster, in dem sie Formenelemente und Symbole der drei abrahamischen Religionen in einer Synthese zusammenstellen. Eine Gestaltungsvorlage für ein trialogisches Sakralfenster ist dem Materialteil zu entnehmen (→ **M5, S. 84**).
Um diese Fenster für die Gestaltung eines trialogischen Raumes zu nutzen, bietet es sich an, die Schülerinnen und Schüler in Einzel- oder Gruppenarbeit auf der Basis des Entwurfs ein trialogisches Fenster mit Glasmalfarben auf Acrylglasplatten malen zu lassen. Diese Fenster können direkt an die Wände des trialogischen

Empfehlung der Carl-Schomburg Schule für eine Gestaltungsmöglichkeit während der Führung durch die Gotteshäuser: Die Schülerinnen und Schüler können mithilfe einer stabilen, aber formbaren Metallfolie **Abdrücke von Einrichtungselementen**, Verzierungen, Statuen u.v.a. nehmen. Dies sollte selbstverständlich zuvor mit den Verantwortlichen abgesprochen werden. Die Abdrücke können dann mit Gips aufgefüllt und in eine trialogische Skulptur integriert werden.

Raums der Stille gehängt werden oder durch eine rückseitige Beleuchtung zum Strahlen gebracht werden. Alternativ bietet es sich an, bereits vorhandene Fenster in einem Raum der Stille in Absprache mit der Schulleitung mit Window-Colour zu bemalen oder Pergamentpapier zur Gestaltung der trialogischen Fenster zu verwenden.

Möglichkeiten zur weiteren Gestaltung von heiligen Räumen

Eine weitere Form der aktiven Gestaltung von sakralen Räumen bietet der Modellbau. Modelle eröffnen Schülerinnen und Schülern die Möglichkeit der dreidimensionalen Auseinandersetzung mit heiligen Räumen. Dabei sollen Gotteshäuser mit verschiedenen Materialien nachgebaut werden, sodass Schülerinnen und Schüler eigene Ideen und Vorstellungen von Gotteshäusern umsetzen können.

Projekt

Gotteshäuser als Lego-Modelle

- Schulform: Förderschule ganzheitliche Entwicklung
- Beteiligte Jahrgangsstufen: Klassen 4–6
- Beteiligte Fächer: Kunst, Religion, Deutsch, Mathematik
- Größe der Lerngruppe: 8 Schülerinnen und Schüler
- Dauer des Projektes: 2–4 Wochen
- Verwendete Methoden: Gruppenarbeit, Modellbau

Entwickelt und durchgeführt von der Levana-Schule-Schweich

Projektbeschreibung

Im Rahmen der handlungsorientierten Vertiefung des Projektvorhabens „Meine, deine, unsere Welt" haben Schülerinnen und Schüler der Levanva Schule mit Legosteinen eine Kirche, eine Moschee und eine Synagoge aus dem lokalen Umfeld nachgebaut. Neben der Außenfassade wurden auch Säulen und Einrichtungselemente mit Legosteinen nachgebaut.

Ziel des Projektes war es, Schülerinnen und Schüler durch die konkrete Herstellung von Modellen die Architektur und Einrichtung von Gotteshäusern greifbar und erfahrbar zu machen, um einen ganzheitlichen Erschließungsprozess der Sakralbauten zu ermöglichen.

Vorbereitung: Einen Grundriss entwerfen

Ausgangspunkt für den Modellbau ist wiederum das Erleben einer dialogischen Führung durch Synagoge, Kirche und Moschee. In einer nachbereitenden fächerübergreifenden Kooperation werden dann **in Kleingruppen maßstabsgetreue Grundrisse von Synagogen, Kirchen und Moscheen entworfen.** Ein solcher Grundriss kann durch die eigene Vermessung und Zeichnung der Synagoge,

Kirche oder Moschee gewonnen werden, es kann aber auch auf klassische Grundrisse der Gotteshäuser zurückgegriffen werden. Beispiele für klassische Grundrisse von Synagoge, Kirche und Moschee sind dem Materialteil zu entnehmen und können von Schülerinnen und Schülern je nach Größe des in der Kleingruppe geplanten Modells als Rechnungs- und Gestaltungsvorlage dienen (→ **M6–M8, S. 85 ff.**).

Die **Grundrisse** von Synagoge, Kirche und Moschee (M6–M8) sind mit Ziffern versehen, sodass sie bereits in der Erarbeitungsphase eingesetzt werden können. Bei der Erschließung von Sakralräumen im Religionsunterricht kann es zunächst Aufgabe sein, die Grundelemente und Einrichtungsgegenstände im Gotteshaus zu beschriften. Diese sollen später auch im Modell nachgebaut werden.

Durchführung: Ein Modell zusammenbauen und dokumentieren

Nachdem die Schülerinnen und Schüler ihre Grundrisse der Gotteshäuser entworfen haben, **gestalten sie nun ein detailliertes Modell von Synagoge, Kirche und Moschee aus Legosteinen.** Sie sollten dabei auf Fotos die einzelnen Bauschritte dokumentieren, vor allem aus dem Grund, dass nach der Errichtung der Dächer der Innenraum verdeckt wird. Der Kreativität der Schülerinnen und Schüler sind bei der Gestaltung der Außenfassade, der Fenster und der Dächer der Gotteshäuser keine Grenzen gesetzt. Sie können beklebt, verziert und vielfältig gestaltet werden. Für den Modellbau eignen sich generell eine Reihe von Materialien. Neben Klassikern wie Holz oder Pappe kann man auch Modelle aus Zuckerwürfeln herstellen.

Die Fotos der einzelnen Bauschritte können im Rahmen einer Ausstellung in Form von Collagen, Alben oder auch als Stop-Motion-Filme den Zuschauern präsentiert werden.

Grundriss der Lego-Moschee der Levana-Schule

Grundriss einer Lego-Kirche der Levana-Schule

Gestaltete Kirche der Levana-Schule

Zuckermoschee der Fachschule für Sozialwesen Speyer

Projekt

Gotteshäuser als Pappmodelle

- Schulform: Gymnasium
- Beteiligte Jahrgangsstufen: Klassen 7, 10 und 11
- Beteiligte Fächer: Kunst, Religion, Deutsch
- Größe der Lerngruppe: ca. 15–30 Schülerinnen und Schüler
- Dauer des Projektes: ca. 2–6 Wochen
- Verwendete Methoden: Gruppenarbeit, Modellbau

Entwickelt und durchgeführt vom Christian von Mannlich Gymnasium in Homburg an der Saar

Projektbeschreibung

Im Rahmen ihres Projektvorhabens „Architektur der Religionen" haben Schülerinnen und Schüler des Christian von Mannlich Gymnasiums in Homburg an der Saar Modelle trialogischer Gotteshäuser entwickelt und gebaut.

Ziel des Projektes war es auch hier, Schülerinnen und Schüler durch die konkrete Herstellung der Modelle die Architektur und Einrichtung von Gotteshäusern greifbar und erfahrbar zu machen, um einen ganzheitlichen Erschließungsprozess der Sakralbauten zu ermöglichen.

Vorbereitung: Synagoge, Kirche, Moschee vergleichen

In einer **trialogisch-vergleichenden, kunstgeschichtlichen und religionswissenschaftlichen Unterrichtseinheit werden die Schülerinnen und Schüler mit den abrahamischen Religionen und Gotteshäusern** vertraut gemacht. Die interreligiös vergleichende Perspektive dient dazu, die Gemeinsamkeiten und Unterschiede von Synagoge, Kirche und Moschee zu erschließen. Eine Kooperation zwischen den Fächern Religion, Kunst und Deutsch bietet sich an, ist jedoch nicht zwingend notwendig. Mit Blick auf die ganzheitliche Anlage des interreligiösen und interkulturellen Lernprozesses empfiehlt es sich, den Schülerinnen und Schülern außerdem dialogische Führungen durch Synagoge, Kirche und Moschee zu ermöglichen.

i

Neben Inhalten, die in Grundelemente der religiösen, architektonischen und kunstgeschichtlichen Dimension von Gotteshäusern einführen (s. Baustein 2), kann auch die Bedeutung des Tempelbergs in Jerusalem für Judentum, Christentum und Islam genauer erarbeitet werden. Ebenso sollten kontroverse Aspekte der Gastfreundschaft bzw. der interreligiösen Nutzung von Gotteshäusern erörtert werden.

Durchführung: Eine Vision als Modell konkret werden lassen

In Partner- oder Einzelarbeit gestalten die Schülerinnen und Schüler mit Pappen, verschiedenen Papiersorten, Gips, Farbe, Draht und Hölzern **Modelle einer architektonischen Verbindung von Synagoge, Kirche und Moschee.** Sie entwerfen so ihre eigene Vision einer Verständigung der abrahamischen Religionen in Gestalt eines gemeinsamen Gotteshauses. In einem Text beschreiben, erläutern und reflektieren die Schülerinnen und Schüler dann ihr Modell. Die fertigen Modelle und die dazugehörigen Texte können schließlich im Rahmen einer Ausstellung der Schule ebenso wie Vertretern der abrahamischen Gotteshäuser vor Ort präsentiert werden.

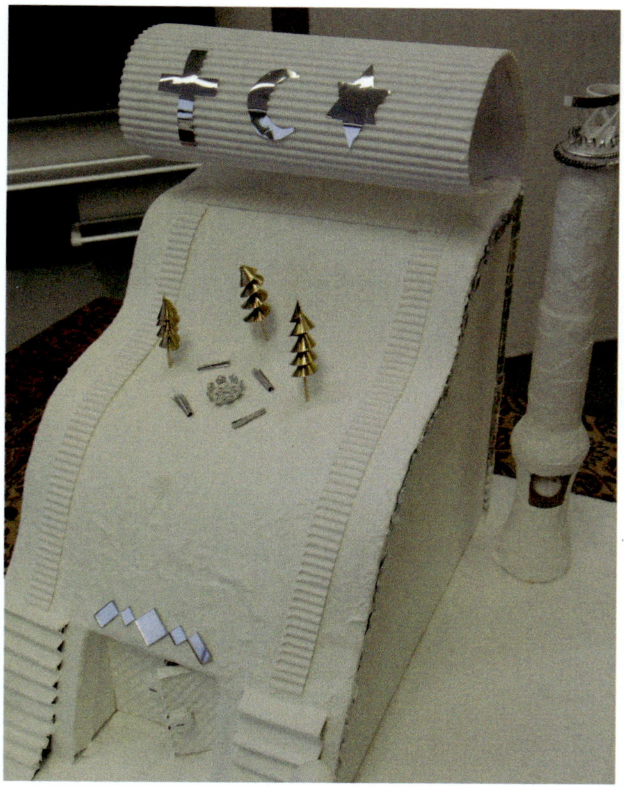

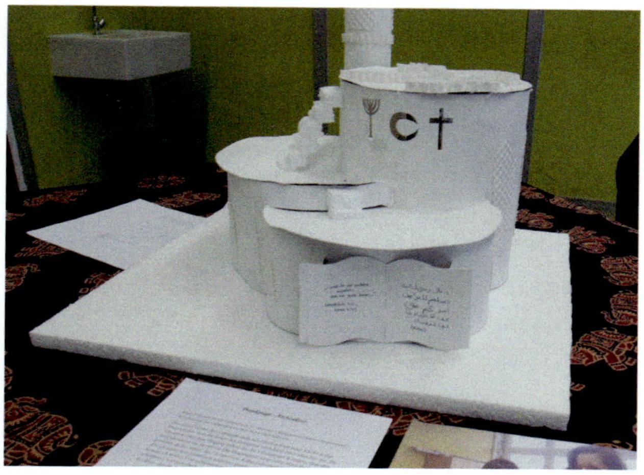

Trialogische Gotteshausmodelle des Christian von Mannlich Gymnasiums

Trialog-Projekt

Unsere Idee war, diese drei Religionen in einem runden Gebäude unterzubringen. Dieses Haus würde eine donut-ähnliche Form haben, d.h. im Zentrum würde ein weiterer kleiner Kreis entstehen. Diese Grundidee entwickelte sich im Laufe der Projektwoche weiter zu einer Form, die einem dreiblättrigen Kleeblatt ähnelt. Dieses Gebäude besitzt wiederum auch einen Kreis in der Mitte und nur einen Eingang für alle drei Religionen (Islam, Judentum, Christentum). Ab da trennen sich die Wege und jede Religion hat einen eigenen Gebetsraum, die jedoch von anderen Menschen betreten werden können. Aus diesen drei Räumen führen schließlich Wege in den runden Innenhof. Dort befindet sich ein Springbrunnen. Das Wasser im Brunnen symbolisiert das Leben, sowie der Baum, der vor dem Gebäude steht.

Erklärender Schülertext zu einem weiteren trialogischen Modell des Christian von Mannlich Gymnasiums

Erkundungsbogen zur bewussten Wahrnehmung und Entdeckung von Synagoge, Kirche und Moschee

Schritt I: Außenbereich

Wo liegt das Gotteshaus? Kannst du von außen sehen, dass dies ein „heiliger Ort" ist? Woran kannst du das erkennen?

Gehe einmal langsam um das Gotteshaus herum, was fällt dir auf? Notiere deine Beobachtungen.

Schritt II: Eingangsbereich

Du betrittst nun das Gotteshaus …
Gibt es besondere Handlungen oder Vorschriften, die du vor oder beim Betreten des Gotteshauses beachten musst?

Schritt III: Innenraum

Du befindest dich nun im Innenraum des Gotteshauses. Lass den Raum zunächst auf dich wirken und schau dich dann einmal genauer um. Welche Einrichtungsgegenstände siehst du? Beschreibe Sie. Kommen dir einige bekannt vor? Gibt es welche, die dir völlig fremd sind? Gibt es Fragen, die dir zur Einrichtung einfallen?

Welche Symbole, Zeichen oder Zeichnungen kannst du entdecken?
Benenne sie oder male sie nach. Was fällt dir dazu ein?

Gibt es einen Ort oder einen Gegenstand in diesem Gotteshaus, an dem du dich besonders wohl fühlst? Wo ist dieser und was macht diesen Ort zu deinem Lieblingsort?

Lernstation
Warum beten Menschen?

Material:
- Schülerinformation
- Drei Textblätter
- Zwei Arbeitsblätter

Noch benötigte Materialien:
- Internet und PC-Nutzung

Lehrerinformation zur Station „Warum beten Menschen?“
In dieser Station sollen die Schülerinnen und Schüler sich mit der Frage „Warum beten Menschen?“ auseinandersetzen. In einem ersten Teil beantworten sie diese Frage ohne zusätzliches Material allein in ihrer eigenen Einschätzung. Anschließend ergänzen sie ihre gesammelten Ergebnisse mithilfe eines Informationstextes.

Die dann folgende dritte Arbeitsphase soll dazu genutzt werden, die Schülerinnen und Schüler mit den verschiedenen Gebetspraktiken und -ritualen der drei abrahamischen Religionen Judentum, Christentum und Islam vertraut zu machen.

Für diese Station sollten ca. 90 Minuten zur Verfügung stehen, in denen Kleingruppenarbeit durchgeführt wird. Abschließend ist es sinnvoll, die erarbeiteten Ergebnisse im Plenum zusammenzutragen.

Schülerinformation zur Station „Warum beten Menschen?"

In dieser Station bekommst du einen Eindruck davon, warum Menschen beten und welche Bedeutung das Gebet in den drei monotheistischen Religionen Judentum, Christentum und Islam hat. Mithilfe von drei Textblättern und zwei Arbeitsblättern gewinnst du einen Einblick in die Praxis des Betens und die damit verbundenen Rituale.

Damit du die Station richtig bearbeiten kannst, lies dir die Anweisungen bitte sorgfältig durch.

Arbeitsanweisungen:

1. Teilt eure Gruppe in Paare auf.

2. Nehmt euch Arbeitsblatt 1 „Warum beten Menschen?" zur Hand und bearbeitet die Aufgabe 1.

3. Jetzt holt euch das Textblatt 1 „Warum beten Menschen?", lest es und bearbeitet Aufgabe 2 auf dem Arbeitsblatt 1.

4. Nehmt euch Arbeitsblatt 2 „Religiöse Gesten und Haltungen" und bearbeitet die Aufgaben 1 – 3.

5. Nun nehmt euch Textblatt 2 „Gebetsrituale im Judentum, Christentum und Islam", lest es sorgfältig durch und bearbeitet die Aufgaben 1 – 3.

6. Nehmt euch das Textblatt 3 „Wichtige Gebete im Judentum, Christentum und Islam" und bearbeitet Aufgabe 1.

7. Tragt eure Ergebnisse anschließend im Plenum zusammen.

Arbeitsblatt 1

Warum beten Menschen?

Namen: ______________________________

Aufgabe 1

Notiere alle Gründe, die euch zu der Frage „Warum beten Menschen?" einfallen.

Aufgabe 2

Lies den Text „Warum beten Menschen?".
Notiere wichtige Argumente aus dem Text, die ihr selbst nicht gefunden habt.

Textblatt 1

Warum beten Menschen?

„Eine Sprache finden für das, was man wünscht und klagt, heißt beten".

So steht es im Lexikon. Das Gebet (abgeleitet von bitten) gilt in allen drei Religionen als bedeutsamer Bestandteil der religiösen Praxis, das ein zentrales Element der Gottesverehrung bzw. Gotteszuwendung darstellt. Das Gebet ermöglicht es, mit Gott in Verbindung zu treten und sich ihm so nahe zu fühlen. Dabei kennen alle drei Religionen vier Grundformen des Gebets, nämlich: Verehrung, Lob, Dank und Bitte.

Es gibt verschiedene Formen des Gebets, aber alle drei Religionen unterscheiden grundsätzlich zwischen dem rituellen Gebet und dem persönlichen, privaten Gebet.

Das rituelle Gebet wird im Gottesdienst und in gemeinschaftlichen Versammlungen verwendet und zu besonderen Anlässen wie Festen und Feiertagen gesprochen. Neben den Glaubensbekenntnissen von Juden, Christen und Muslimen gibt es in allen drei Religionen fest formulierte Gebete für Lebenswendepunkten wie Geburt, Initiation, Hochzeit, Krankheit und Beerdigung.

Die privaten, persönlichen Gebete werden oft in Not- oder Danksituationen gesprochen. Sie unterliegen keinem festen Ritual und können zu jeder Zeit und an jedem Ort gebetet werden.

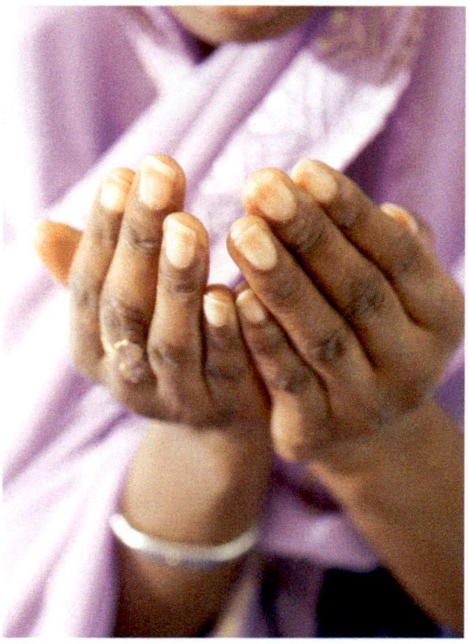

Arbeitsblatt 2

Religiöse Gesten und Haltungen

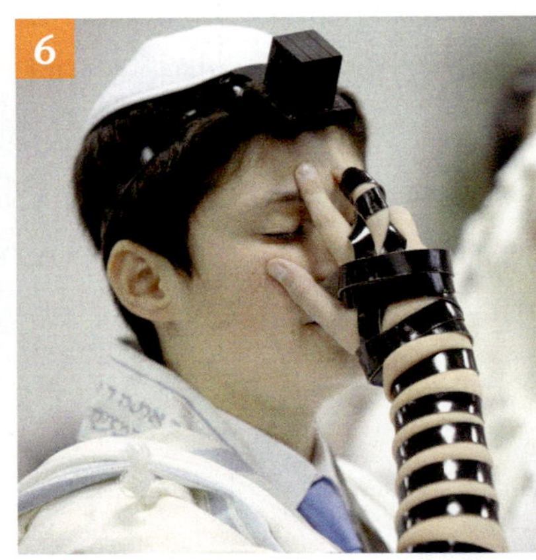

Aufgaben

1. Betrachte die Bilder sorgfältig und beschreibe die verschiedenen religiösen Gesten und Haltungen. Ordne diese Judentum, Christentum und Islam zu.
2. Vergleiche die verschiedenen Gesten und Haltungen der drei Religionen miteinander. Notiere Gemeinsamkeiten und Unterschiede.
3. Probiere sie doch selbst einmal aus und überlege, was mit den verschiedenen Gesten zum Ausdruck gebracht werden soll.

Gebetsrituale im Judentum, Christentum und Islam

Die Bedeutung des Gebets im Judentum

Dem Gebet kommt im Judentum eine wichtige Bedeutung zu. Es erinnert in besonderer Weise daran, dass das Judentum eine „Religion der Tat" ist.
Für gläubige Juden nehmen neben den individuellen Gebeten besonders die rituellen Gebete eine zentrale Position ein. Die wichtigsten Gebete des Judentums sind das „Sch'ma Israel" und das „Schmone Esre". Diese beiden zentralen Gebete sind die Kernstücke der drei rituellen Gebetszeiten, die ein gläubiger Jude täglich wahrnehmen soll: morgens das „Schacharit", nachmittags die „Mincha" und abends das „Maariw".
Das „Sch'ma Israel" bedeutet übersetzt „Höre Israel" und hat die Funktion eines Glaubensbekenntnisses. Das „Schmone Esre" heißt übersetzt „Achtzehn", was daran liegt, dass es aus 18 kleinen Lobpreisungen und Bitten besteht. Alternativ wird dieses Gebet auch häufig mit „Admidah" (= stehend) bezeichnet, was daran liegt, dass es im Stehen vollzogen wird. Das „Schmone Esre" ist der Mittelpunkt jedes Gottesdienstes und somit für gläubige Juden von zentraler Bedeutung, weshalb man es auch schlichtweg „Ha T'filah" (= das Gebet) nennt.
Allgemein legen gläubige Juden neben den großen, rituellen Gebeten viel Wert auf solche einfachen Lobsprüche, die sie zu zahlreichen Gelegenheiten, wie etwa vor dem Essen oder während der Ausübung einer „Mizwa", sprechen können.

Ausführung des Gebets im Judentum

Während des Gebetsaktes gibt es für die Betenden zahlreiche Aspekte, die sie beachten können oder müssen. Die orthodox-jüdischen Männer bedecken während des Gebetsaktes ihren Kopf mit der Kippa, einer kleinen Kopfbedeckung, um ihren Respekt vor Gott zum Ausdruck zu bringen. Außerdem können sie sich während des Gebetes mit einem Gebetsmantel bekleiden und einen Gebetsriemen, den sogenannten „Tefillin", anlegen. Diese Riemen, die häufig aus Leder bestehen, werden um die Arme gewickelt und an der Stirn befestigt. In einer würfelförmigen Gebetskapsel, die an dem Riemen befestigt ist, befindet sich eine kleine Pergamentrolle mit ausgewählten Tora-Texten und dem „Sch'ma Israel". Das Tragen des „Tefillin" geht auf ein Gebot Gottes zurück, welches besagt, dass die Gläubigen die Worte Gottes in ihr Herz und ihre Seele schreiben sollen.
Juden beten im Allgemeinen in Richtung Jerusalem, genauer gesagt in Richtung der Klagemauer, die die Überreste des ehemaligen Jerusalemer Tempels darstellt, der für Juden von entscheidender Bedeutung ist. Die oft zu beobachtende schaukelnde Bewegung während des Gebetes dient der stärkeren Konzentration. Frauen und Männer beten getrennt. Juden beten in der Regel auf Hebräisch.

Die Bedeutung des Gebets im Christentum

So wie sich Jesus von Nazareth nach biblischer Überlieferung immer wieder vertrauensvoll an seinen Vater im Himmel gewandt hat, wenden sich Christen auch heute direkt mit ihren Sorgen, Wünschen und Sehnsüchten an Gott. Sie sehen im Gebet nicht in erster Linie einen

Akt der Unterwerfung oder des Bekenntnisses, vielmehr steht bei ihnen die Liebe und das Vertrauen sowie das Gefühl, von Gott so angenommen zu werden, wie man ist, im Vordergrund. Früher war es üblich, das Gebet in lateinischer oder griechischer Sprache auszuführen. Heute beten die meisten Christen jedoch in ihrer Muttersprache.
Neben einigen rituellen Gebeten des Christentums nehmen besonders die individuellen Gebete einen großen Teil der christlichen Gebetspraxis ein. Individuelle Gebete können zu jeder Zeit und an jedem Ort sowohl laut als auch gedanklich vollzogen werden. Als rituelles Gebet kommt dem Vaterunser eine besondere Bedeutung zu. Das Vaterunser ist fest in der liturgischen Praxis des Gottesdienstes verankert und wird dort laut und gemeinsam von der teilnehmenden Gemeinde gesprochen. Bei den Christen beten Frauen und Männer gemeinsam.
Die Gläubigen treten im Gebetsakt mit Gott in Kontakt und fühlen sich ihm dadurch in besonderer Weise nah und verbunden. Durch regelmäßiges Beten pflegen sie somit ihre Beziehung zu Gott.

Ausführung des Gebets im Christentum

Im Christentum gibt keine vorgeschriebenen Körperhaltungen und keine festen Gebetszeiten. Dennoch ist es für viele Gläubige üblich, die Hände während des Gebets vor dem Körper zu falten, wobei die Finger ineinander verschränkt bzw. die Handflächen aufeinander gelegt werden. Der Priester oder Pfarrer breitet in bestimmten Gebetssituationen zusätzlich die Arme aus. Viele Katholiken nehmen zudem eine kniende Gebetshaltung ein, um ihren Respekt vor Gott zum Ausdruck zu bringen. Protestanten hingegen bevorzugen eine stehende Gebetshaltung. Zu Beginn eines Gebetes oder eines Gottesdienstes bekennen sich die katholischen Christen durch die Geste des Kreuzzeichens zu dem einen Gott, der sich in drei Personen zeigt. Begleitend wird zu dieser Geste die Gebetsformel „Im Namen des Vaters, des Sohnes und des Heiligen Geistes. Amen" gesprochen.

Bedeutung des Gebets im Islam

Das Gebet gehört zu den obersten Pflichten eines gläubigen Muslims und ist eine der fünf Säulen des Islams. Fünfmal täglich, zu vorgegebenen Uhrzeiten, ruft der Muezzin (Gebetsrufer) die Gläubigen zum Gebet auf: in der Morgendämmerung, zur Mittagszeit, am Nachmittag, bei Sonnenuntergang und am Abend. Dieser Gebetsruf wird „Adhan" genannt. Besonders das Freitagsgebet, welches wöchentlich in der Moschee stattfindet und zusätzlich noch eine Predigt enthält, ist im Islam von besonderer Bedeutung. Im Freitagsgebet bekennen sich die Muslime zu ihrem Glauben. Neben rituellen Gebeten gibt es im Islam auch freie Gebete, Stoßseufzer und meditative Formen des Gebets.

Ausführung des Gebets im Islam

Bevor das Gebet beginnt, ziehen Muslime ihre Schuhe aus und vollziehen eine rituelle Waschung, wobei bestimmte Teile des Körpers gesäubert werden. Diese Vorbereitung ist ebenfalls Teil und Pflicht der islamischen Gebetspraxis, mit der Absicht, rituelle Reinheit während des Gebets zu gewährleisten. Damit das darauffolgende Gebet gültig ist, wird zusätzlich eine Absichtserklärung (niyya) gesprochen, bzw. gedacht. Muslime beten sowohl gemeinsam mit anderen Gläubigen in der Moschee, als auch alleine im Haus oder unter freiem Himmel, wobei Frauen und Männer jedoch getrennt beten. Wird das Gebet außerhalb der Moschee verrichtet, wird der Boden mit einem Gebetsteppich bedeckt, wodurch die rituelle

Reinheit bestehen bleibt. Auch in der Moschee, beispielsweise beim Freitagsgebet, findet das Gebet auf Gebetsteppichen statt. Muslime richten sich beim Beten nach Mekka: Diese Gebetsrichtung wird in der Moschee von der Gebetsnische, der „Mihrab", markiert. Jedes Gebet besteht aus Gebetseinheiten, wobei jede Gebetseinheit folgende Elemente enthält: stehende Haltung, persönlicher Gebetsruf, Sprechen der Sure „al-Fatiha", Verbeugung und Anrufung, Rückkehr in eine aufrechte Position, sich niederwerfen, Rückkehr in eine sitzende Position und Drehen des Kopfes zum Friedenswunsch.

Aufgaben

1. Lies die Texte zum Gebet in den drei Religionen Judentum, Christentum und Islam sorgfältig. Notiere dann die Bedeutung und Funktion von Gebeten in den jeweiligen Religionen.

2. Arbeite die Besonderheiten der Gebetspraktiken in Judentum, Christentum und Islam heraus.

3. Stelle die Gemeinsamkeiten und Unterschiede des Gebets in den drei Religionen zusammen.

Textblatt 3

Wichtige Gebete im Judentum, Christentum und Islam

Judentum

Das Sch'ma Israel

Das „Sch'ma Israel" ist eines der wichtigsten Gebete im Judentum, da sich das jüdische Volk dadurch als eine Schicksals- und Religionsgemeinschaft identifiziert. Oft wird es auch als Glaubensbekenntnis des Judentums bezeichnet. „Sch'ma Israel" kann mit „Höre Israel" übersetzt werden und ist in der Heiligen Schrift im Deuteronomium 6, 4–9 zu finden.

Höre, Israel! Jahwe, unser Gott, Jahwe ist einzig.
Darum sollst du den Herrn, deinen Gott, lieben mit ganzem Herzen, mit ganzer Seele und mit ganzer Kraft.
Diese Worte, auf die ich dich heute verpflichte, sollen auf deinem Herzen geschrieben stehen.
Du sollst sie deinen Söhnen wiederholen. Du sollst von ihnen reden, wenn du zu Hause sitzt und wenn du auf der Straße gehst, wenn du dich schlafen legst und wenn du aufstehst.
Du sollst sie als Zeichen um das Handgelenk binden. Sie sollen zum Schmuck auf deiner Stirn werden.
Du sollst sie auf die Türpfosten deines Hauses und in deine Stadttore schreiben.

Christentum

Das Vaterunser

Das Vaterunser ist eines der wichtigsten Gebete im Christentum, da Jesus es selbst seinen Jüngern gelehrt hat. Es wird in der Regel in jedem Gottesdienst von allen Christen gemeinsam gesprochen. Insofern schafft es für die Christen Gemeinschaft. Das Vaterunser enthält die wesentlichen Aspekte des christlichen Glaubens und Lebens, was in sieben Bitten zum Ausdruck kommt. Der Text des Vaterunser findet sich im Evangelium nach Matthäus (6,9–13) und nach Lukas (11,2–4):

Vater unser im Himmel,
geheiligt werde dein Name,
Dein Reich komme.
Dein Wille geschehe,
wie im Himmel, so auf Erden.
Unser tägliches Brot gib uns heute.
Und vergib uns unsere Schuld,
wie auch wir vergeben unsern Schuldigern.
Und führe uns nicht in Versuchung,
sondern erlöse uns von dem Bösen.
Denn dein ist das Reich und die Kraft und die Herrlichkeit in Ewigkeit.
Amen.

Islam

Der Gebetsruf (Adhan)

Der „Adhan" ist der Gebetsruf im Islam, den der Muezzin vom Minarett der Moschee aus ruft, um die gläubigen Muslime zum Gebet aufzufordern. Dieser Ruf ertönt laut singend in lang gedehnten Silben.

Gott ist größer
Gott ist größer
Gott ist größer
Gott ist größer
Ich bezeuge, dass es keinen Gott außer Gott gibt
Ich bezeuge, dass es keinen Gott außer Gott gibt
Ich bezeuge, dass Muhammad der Gesandte Gottes ist
Ich bezeuge, dass Muhammad der Gesandte Gottes ist
Kommt her zum Gebet
Kommt her zum Gebet
Kommt her zum Heil
*Kommt her zum Heil
Gott ist größer
Gott ist größer
Es gibt keinen Gott außer Gott

* im Morgengebet wird hier „Gebet ist besser als Schlaf (2x)" eingefügt

---

Aufgabe 1

Lies die drei Gebete. Höre dir anschließend im Internet das „Sch'ma Israel" sowie das Vaterunser in hebräischer und den Gebetsruf „Adhan" in arabischer Sprache an.

Leitfragen zur Gestaltung eines Lerntagebuchs im Rahmen des Projektes „Erzählcafé"

Vorbereitung – Phase I

Welche Sachverhalte erscheinen dir nach der inhaltlichen Auseinandersetzung mit den Religionen, Kulturen und Generationen im Umgang mit den Gesprächspartnern als besonders wichtig?

Welche Erwartungen hast du an die erste Begegnung mit den Gesprächspartnern? Welche Ängste und Befürchtungen hast du? Worauf freust du dich besonders?

Vorbereitung – Phase II

Wie hast du das erste Kennenlernen mit den Gesprächspartnern empfunden?

Welche Aspekte der Erzählungen der verschiedenen Gesprächspartner haben dich am meisten überrascht, beeindruckt oder auch irritiert?

Gibt es Fragen, die durch die vielen Gespräche aufgeworfen wurden, die du im Verlaufe der Erzählcafés oder im Unterricht klären möchtest? (Fragen an die Gesprächspartner, inhaltliche Fragen zu den Religionen und Kulturen, Fragen an dich selbst)

Durchführung – (nach jedem Erzählcafé zu beantworten)

Welche Erlebnisse und Erfahrungen deiner Gesprächspartner erscheinen dir besonders wichtig und prägend gewesen zu sein, sodass du sie mit eigenen Worten nacherzählen möchtest?

Fallen dir Ereignisse aus deiner eigenen biografischen Erfahrung ein, die das, was du heute gehört hast, illustrieren, bestätigen oder diesem entgegenstehen?

Gibt es Fragen, die das heutige Gespräch aufgeworfen hat, bzw. Fragen, die offen geblieben sind?

Reflexion

Welche zentrale Bedeutung hat die Kirche, die Synagoge oder die Moschee im Leben deines Gesprächspartners? Sind dir Bedeutungsveränderungen aufgefallen?

Welche Bedeutungen von Gotteshäusern im Leben von Menschen kannst du nachvollziehen, welche sind dir fremd geblieben?

Was kannst du aus den Erzählungen deines Gesprächspartners für dein Leben lernen?

Leitfragen zur Gestaltung von biografischen Interviews mit Zeuginnen und Zeugen aus Judentum, Christentum und Islam

Judentum

1. Was macht für Sie ein Gotteshaus aus?
2. Welche Bedeutung hat die Synagoge für Ihr Leben?
3. Gibt es besondere Erlebnisse und Erfahrungen in Ihrem Leben, die Sie mit der Synagoge verbinden?
4. Welche Erfahrungen haben Sie mit Gotteshäusern anderer Religionen und Kulturen gemacht, insbesondere mit der Kirche und der Moschee?
5. Was fällt Ihnen auf, wenn Sie die Situation der Synagogen in Deutschland betrachten? Was wissen Sie über die Entwicklung der Synagoge als Gotteshaus in Deutschland – insbesondere vor, während und nach der Zeit des Zweiten Weltkrieges?

Christentum

1. Was macht für Sie ein Gotteshaus aus?
2. Welche Bedeutung hat die Kirche als Gotteshaus für Ihr Leben?
3. Gibt es besondere Erlebnisse und Erfahrungen in Ihrem Leben, die Sie mit der Kirche verbinden?
4. Welche Erfahrungen haben Sie mit Gotteshäusern anderer Religionen und Kulturen gemacht, insbesondere mit der Synagoge und der Moschee?
5. Wie nehmen Sie die Situation von Kirchen in Deutschland wahr? Welche Veränderungen bemerken Sie zurzeit hinsichtlich der Existenz von Kirchen und Gemeinden in Ihrer Umgebung? Inwiefern wirkt sich diese Entwicklung auf Ihren persönlichen Bezug zur Kirche aus?

Islam

1. Was macht für Sie ein Gotteshaus aus?
2. Welche Bedeutung hat die Moschee für Ihr Leben?
3. Gibt es besondere Erlebnisse und Erfahrungen in Ihrem Leben, die Sie mit der Moschee verbinden?
4. Welche Erfahrungen haben Sie mit Gotteshäusern anderer Religionen und Kulturen gemacht, insbesondere mit der Kirche und der Synagoge?
5. Wie empfinden Sie den Moscheebau in Deutschland? Was wissen Sie über die Situation der Moscheen in Ihrem Heimatland – aus eigenen Erfahrungen oder aus Erzählungen? Welche Gemeinsamkeiten und Unterschiede fallen Ihnen auf, wenn Sie diese miteinander vergleichen?

Trialogisches Fenster

Grundriss: Synagoge

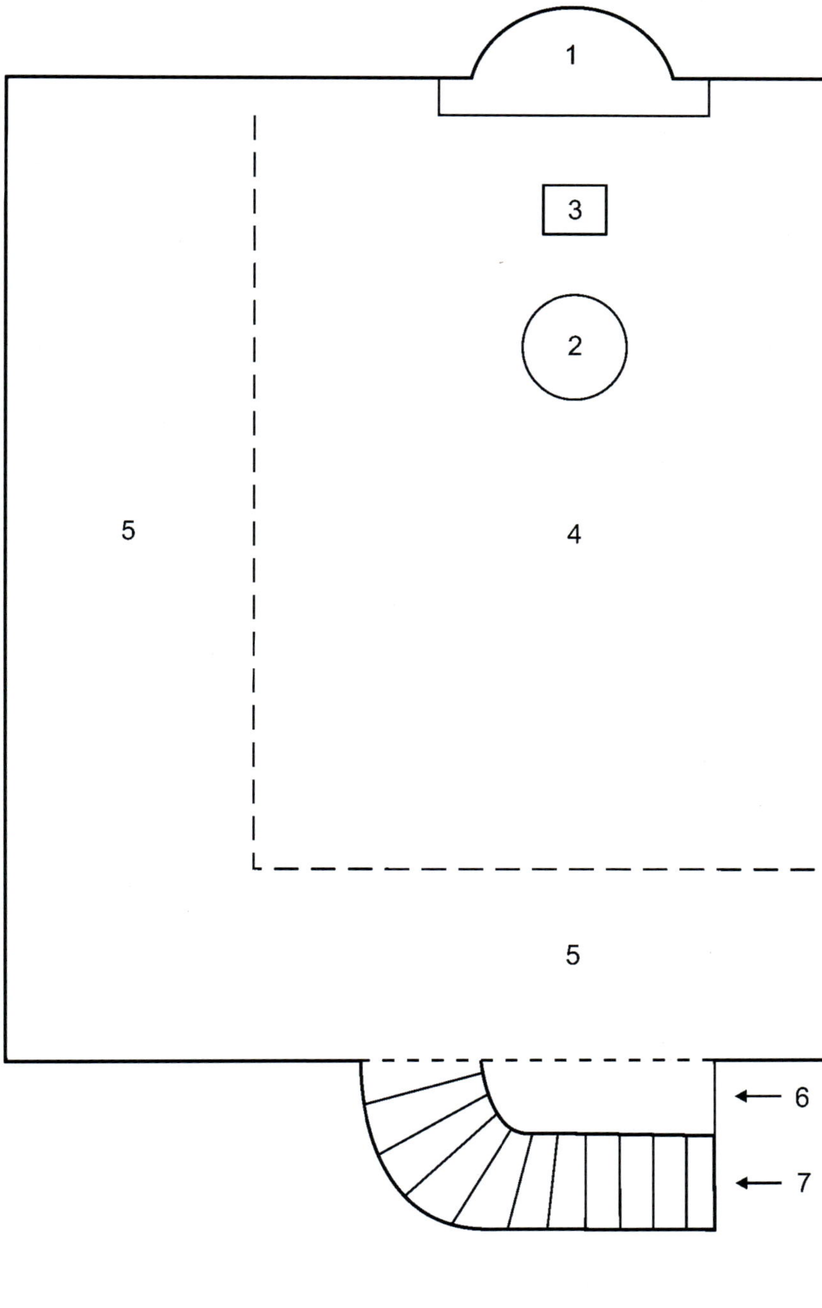

Legende zum Grundriss: Synagoge		
1. Toraschrein	**4.** Bänke für die Männer	**6.** Eingang für die Männer
2. Bima	**5.** Empore für die Frauen	**7.** Eingang für die Frauen
3. Vorbeterpult		

Grundriss: Kirche

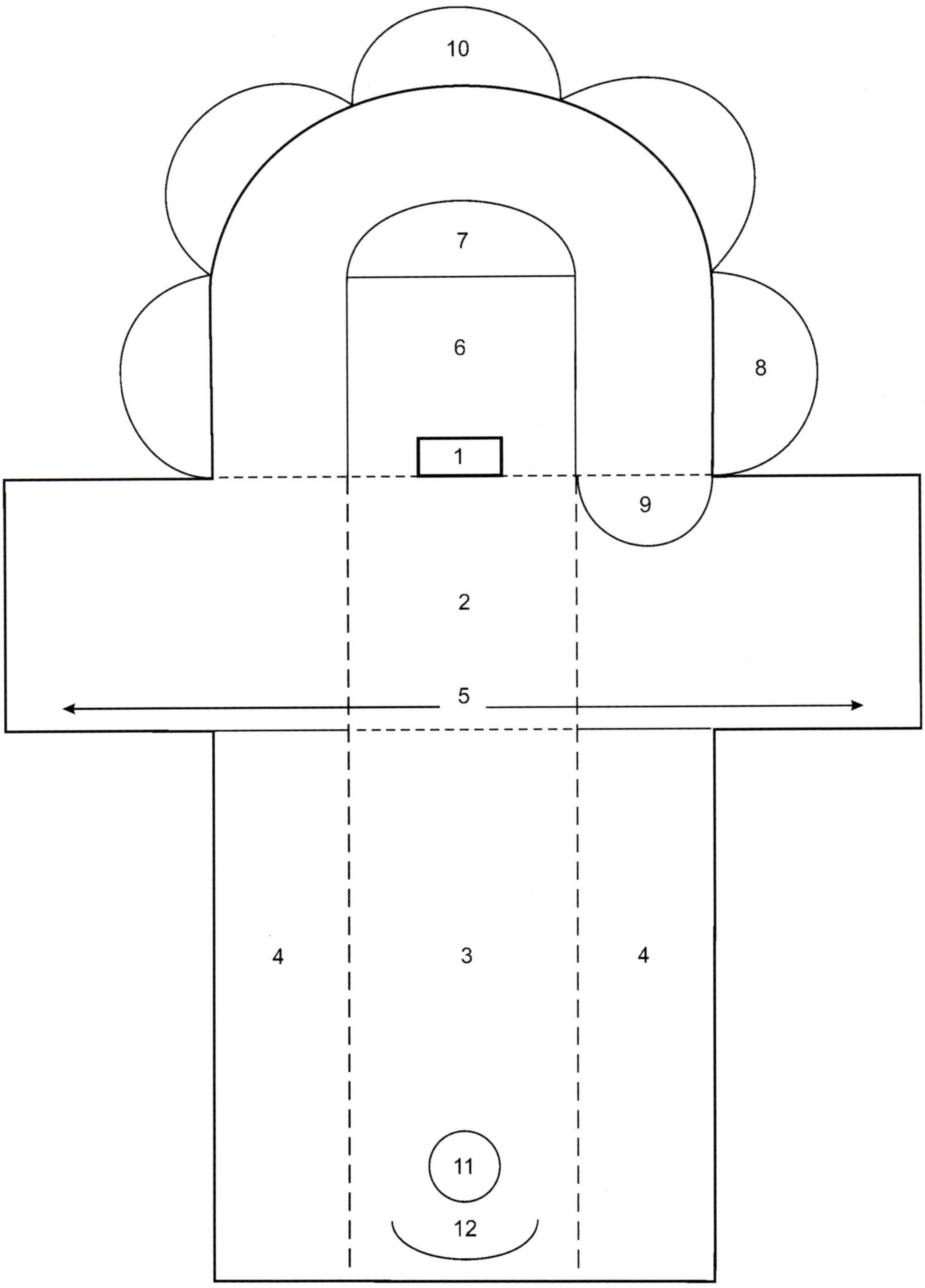

Legende zum Grundriss: Kirche		
1. Altar	**5.** Querschiff	**9.** Kanzel
2. Vierung	**6.** Chorquadrat	**10.** Chorumgang
3. Mittelschiff	**7.** Apsis	**11.** Taufbecken
4. Seitenschiffe	**8.** Kapellenkranz	**12.** Orgel

Grundriss: Moschee

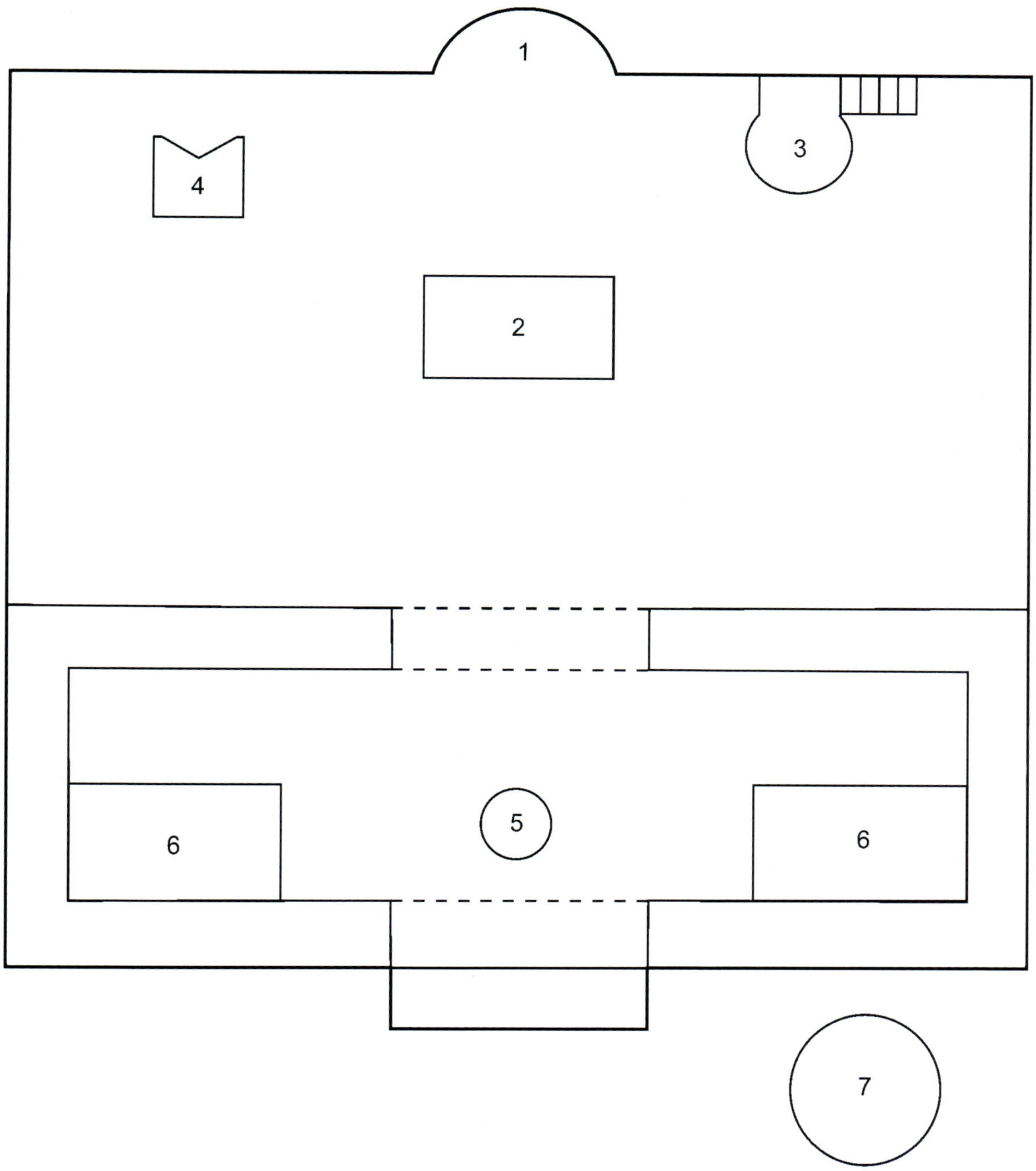

Legende zum Grundriss: Moschee		
1. Mihrab	**4.** Kursi	**6.** Waschräume
2. Dikka	**5.** Reinigungsbrunnen	**7.** Minarett
3. Minbar		

III Glossar der wichtigsten Begriffe für den Trialog der Religionen

Abrahamische Religionen
Judentum, Christentum und Islam werden abrahamische Religionen genannt, da sie alle drei auf den Stammvater Abraham zurückgeführt werden können. Die Geschichte der Figur Abraham wird im Buch Genesis bzw. Bereschit entfaltet und spielt somit sowohl im christlichen Alten Testament als auch im jüdischen TeNaK (TNK) eine entscheidende Rolle. Im Koran gilt Abraham (Ibrahim) als einer der wichtigsten Propheten vor Muhammad. Abrahams Glaube an den einen wahren Gott, der im Gegensatz zu den vielen Götzen seines damaligen polytheistischen Umfeldes wirklich existiert und dem Verehrung und Gehorsam gebührt, verbindet bis heute die drei abrahamischen Religionen. Sie werden demzufolge als monotheistische Religionen bezeichnet.

Adhan
Islamischer Gebetsruf, mit dem der Muezzin die Muslime zum Gebet auffordert. Der Gebetsruf beginnt mit den Worten „Allahu akbar", was übersetzt soviel bedeutet wie „Gott ist groß".

Bar-Mizwa/Bat-Mizwa
(hebr. Bar-Mizwa – „Sohn der Verpflichtung", Bat-Mizwa – „Tochter der Verpflichtung")
Mit Bar- bzw. Bat-Mizwa wird im Judentum der feierliche Akt bezeichnet, mit dem ein jüdischer Junge bzw. ein jüdisches Mädchen in die Glaubensgemeinschaft aufgenommen wird. Für die Jungen findet die Bar-Mizwa im Alter von 13 Jahren, für die Mädchen die Bat-Mizwa im 12. Lebensjahr statt.

Diaspora
(griech. *diaspora* – „Zerstreuung"/„Verstreutheit")
Situation, in der die Angehörigen einer Religionsgemeinschaft in einer Minderheit unter Andersgläubigen leben und oftmals über weite Gebiete zerstreut sind.
Für das Judentum ist die Diaspora von besonderer Bedeutung, da Juden seit der Zerstörung des Jerusalemer Tempels 70 n. Chr. weltweit zerstreut leben. Dennoch haben sie stets versucht, ihre Identität zu bewahren und sich durch ihre religiösen Bräuche und Traditionen fest miteinander und mit Gott verbunden zu fühlen.

Dreifaltigkeit/Trinität
(lat. *trinitas* – „der dreieine Gott")
Christliche Vorstellung von dem einen und einzigen Gott, der in seinem Wesen drei Personen vereint: den Gott Vater, den Sohn Jesus Christus und den Heiligen Geist. Der Begriff Person kommt ursprünglich aus dem Griechischen und bezeichnete die Masken im antiken Theater, die ein Schauspieler mit seinen Rollen wechselte. Vor diesem Hintergrund wird deutlich, dass Christen nicht einem „Dreigottglauben" huldigen, sondern den einen Gott verehren, der sich aber in unterschiedlicher Gestalt und Weise den Menschen zeigt (in Gottvater als Schöpfer, in Jesus Christus in der Schöpfung, als Heiliger Geist bei der Schöpfung durch die Zeiten).

Abendmahl/Eucharistie
Eines der zentralen Sakramente des Christentums. Die christliche Gemeinde erinnert sich im Gottesdienst an das letzte Abendmahl Jesu, das dieser laut biblischer Überlieferung (Mk 14,17–25 parr) mit seinen Jüngern vor seinem Tod gefeiert hat. Dabei bilden das Brechen des Brotes und das Trinken des Weines aus dem Kelch den zentralen Akt dieser liturgischen Feier, durch den Jesus Christus in der Gottesdienstgemeinde gegenwärtig ist.
In der katholischen Kirche, die das Abendmahl als „Eucharistie" (griech. *eucharisteo* – „Danksagung"/„Dank sagen") bezeichnet, gehört es zu den wesentlichen Glaubensvorstellungen, dass durch die Wiederholung der Wandlungsworte Jesu Brot und Wein in das wirkliche Fleisch und Blut Jesu gewandelt werden. Deshalb spricht man bei der katholischen Eucharistiefeier nicht von einer symbolischen, sondern von einer realen Gegenwart Jesu Christi (Realpräsenz). Entsprechend müssen nach dem Gottesdienst die nicht konsumierten Brotstücke, in denen Jesus Christus gegenwärtig ist, in einem besonderen Gefäß für den nächsten Gottesdienst aufbewahrt werden (→ Tabernakel).

Evangelium
(griech. *euangélion* – „die gute Nachricht/Botschaft")
Bezeichnung für die vier Lebensbeschreibungen Jesu nach Matthäus, Markus, Lukas und Johannes, die als sogenannte Evangelien einen zentralen Teil des Neuen Testamentes ausmachen. Im Christentum bezeichnet der Begriff „Evangelium" aber auch den Inhalt der christlichen Botschaft, die den Gläubigen besonders durch die Person und das Wirken Jesu Christi vermittelt wird.

Fünf Säulen des Islams
Grundsätzliche Pflichten, die ein gläubiger Muslim zu erfüllen hat: Zu den fünf Säulen zählen das Glaubensbekenntnis (schahada), das tägliche Pflichtgebet (salat), das Fasten im Monat Ramadan (saum), die Abgabe von Almosensteuern (zakat) sowie die Pilgerfahrt nach Mekka (haddsch).

Haddsch
Eine der fünf Säulen des Islams, welche die Pilgerfahrt nach Mekka bezeichnet. Für Muslime ist der Haddsch eine Pflicht, sodass jeder Muslim mindestens ein Mal in seinem Leben nach Mekka pilgern sollte.

Hidschra
Auswanderung Muhammads und seiner Gemeinde von Mekka nach Medina. Dies geschah im Jahr 622 gemäß christlicher Zeitrechnung und stellt für die Muslime das erste Jahr des islamischen Mondkalenders dar.

Imam

Vorbeter, der in Moscheen von der Gebetsnische (Mihrab) aus das gemeinschaftliche Gebet leitet. Die Betenden folgen hierbei den vom Imam gezeigten Gebetsbewegungen sowie seinem Ausruf von Suren (Versen).
Der Imam hat im Islam eine ähnliche Funktion wie der Rabbiner im jüdischen Synagogen-Gottesdienst und der Priester (kath.) bzw. Pfarrer (evang.) im christlichen Gottesdienst.

Kaaba

(arab. = „Würfel")
Kubusartiges Gebäude in der großen Moschee in Mekka, welches das Zentralheiligtum des Islams bildet. Sie muss im Laufe der Haddsch von jedem Muslim sieben Mal umrundet werden und gibt auch sonst die Richtung vor, in die sich der gläubige Muslim während des Gebetsaktes wendet.

Khutba

Predigt im Islam, die vom Imam immer freitags sowie an den islamischen Feiertagen von der Minbar (Kanzel) aus gehalten wird.

Kirche

(griech. *kyriaké [ekklesia]* – „dem Herrn gehörende [Versammlung]")
Versammlung all derjenigen, die als Gemeinde an Jesus Christus glauben. Im allgemeinen Sprachgebrauch bezeichnet Kirche aber oftmals auch das Gebäude, in dem sich die Gläubigen versammeln und gemeinsam den Gottesdienst feiern. Entsprechend ist die Kirche das Gottes- und Gebetshaus der Christen, so wie die Synagoge im Judentum und die Moschee im Islam.

Konfession

(lat. *confessio* – „Bekenntnis"/„Geständnis")
Wörtlich das Bekenntnis zu einem bestimmten Glauben, das im Zuge der abendländischen Kirchenspaltung auch zum Überbegriff für eine bestimmte christliche Glaubensrichtung geworden ist. Entsprechend bezeichnet die Konfession die Zugehörigkeit eines Christen zu einer bestimmten Glaubensgemeinschaft. Die am häufigsten vertretenen Konfessionen im Christentum sind die römisch-katholische Kirche sowie die evangelisch-lutherischen, die reformierten und die griechisch- bzw. russisch-orthodoxen Kirchen.

Konzil

(lat. *concilium* – „Rat"/„Zusammenkunft")
Versammlung von geistlichen Amtsträgern, die eine besondere Verantwortung in der Kirche tragen, wie zum Beispiel Bischöfe, Äbte und Theologen (im evangelischen Bereich gleichbedeutend mit einer Synode). Das Hauptanliegen eines Konzils besteht darin, aktuelle Fragen und Konflikte im Bereich des christlichen Glaubens zu klären. Der Papst als Oberhaupt der römisch-katholischen Kirche hat hierbei eine besondere Stellung, da seit dem Trienter Konzil im 16. Jh. alle Konzilsbeschlüsse vom Papst bestätigt werden müssen. Für das Christentum sind besonders die vier ökumenischen Konzilien der Alten Kirche (Nicäa 325 n. Chr., Konstantinopel 381 n. Chr., Ephesus 431 n. Chr., Chalcedon 451 n. Chr.), für die katholischen Kirche nach der abendländischen Kirchenspaltung das Konzil Trient 1546–1563 und das Zweite Vatikanische Konzil 1962–1965 von Bedeutung.

Koran

(arab. *qur'an* – „Lesung"/„Rezitierung")
Heilige Schrift der Muslime, die das heilige und unveränderliche Wort Gottes enthält, das dieser dem Propheten Muhammad offenbart hat. Für Muslime ist jeder Vers des Korans deshalb die direkte Offenbarung Gottes. Die 114 Verse des Korans werden als Suren bezeichnet, welche der Länge nach geordnet sind.

Kreuzweg

Betender Nachvollzug des Leidensweges Jesu. Dies geschieht in Kirchen anhand von 14 Kreuzweg-Stationen, die in der Regel an der Wand des Gottesdienstraumes angebracht sind. Die Stationen beginnen mit der Verurteilung Jesu durch Pilatus und führen hin zu seinem Kreuzestod und seinem Begräbnis.

Menora

Siebenarmiger Leuchter, der für die Juden zu einem der wichtigsten Symbole ihres Glaubens geworden ist. Ursprünglich war die Menora ein Leuchter im von Mose auf dem Sinai eingerichteten Stiftszelt, das auch die Bundeslade enthielt. Hier war sie Symbol der Gottesgegenwart. Später wurde sie zum Kultgegenstand im Jerusalemer Tempel, verschwand allerdings mit der Zerstörung des Zweiten Tempels durch den späteren römischen Kaiser Titus 70 n. Chr. Als Symbol ist die Menora z. B. seit der Staatsgründung Israels 1948 im Staatswappen zu finden.

Messias

(hebr. *maschiach*, griech. *christos* – „Gesalbter")
Hebräische Bezeichnung für eine von Gott gesalbte Person, die auserwählt und beauftragt wurde, um in bestimmter Weise am Volk Israel zu handeln. Im Judentum existiert die Vorstellung, dass ein Messias, der Nachkomme Davids ist, in Zukunft noch kommen wird. Er soll die Bestimmung haben, das jüdische Volk zu befreien und ein Reich zu schaffen, welches von Frieden und Heil geprägt ist. Die Christen sehen im Gegensatz zu den Juden in Jesus Christus den bereits erschienenen Messias. Damit ist die christliche Vorstellung verbunden, dass das Reich Gottes auf Erden mit dem Auftreten der Person Jesus Christus bereits begonnen hat.

Minarett

Turm einer Moschee, von dem der Muezzin zum Gebet aufruft.

Monotheismus

(griech. *monos* – „einzig"/„allein", *theos* – „Gott")
Glaube an einen einzigen Gott und Ablehnung der Existenz jeglicher anderer Gottheiten. Zu den großen monotheistischen Religionen, die diesen radikalen Ein-Gott-Glauben vertreten, zählen Judentum, Christentum und Islam.

Moschee

(arab. *masdschid* – „Ort, an dem man sich niederwirft")
Islamisches Gottes- und Gebetshaus, in dem sich gläubige Muslime versammeln und das gemeinsame Gebet pflegen.

Mose

Die Person Mose spielt in den drei abrahamischen Religionen eine entscheidende Rolle. Im christlichen Alten Testament bzw. im jüdischen TeNaK (TNK) ist Mose (jüdisch Moshe) der Befreier des Volkes Israels aus der Sklaverei, sein Führer in das verheißene Land Kanaan sowie der Empfänger und Übermittler der Offenbarung JHWHs. Auch für den Islam ist die Person Mose (arabisch Musa) von Bedeutung: Er wird hier als Prophet und Gottgesandter verehrt.

Muezzin

Person, die vom Minarett aus die Muslime singend zum Gebet auffordert. Sein Ruf ertönt fünfmal täglich zu bestimmten Gebetszeiten in arabischer Sprache.

Muhammad

Gründer der islamischen Glaubensgemeinschaft, dem Gott nach islamischer Sicht seinen ewigen Willen abschließend offenbarte. Diese Offenbarung Gottes wurde von Muhammad wortgetreu im Koran festgehalten.

Polytheismus

(griech. *poly* – „viele", *theos* – „Gott")

Im Gegensatz zum Monotheismus Glaube an die Existenz mehrerer, verschiedener Götter, wie er vor allem in antiken Hochkulturen gepflegt wurde, also in Assyrien, Babylon, Ägypten, Athen und Rom. Für Gottheiten einer polytheistischen Religion sind vor allem menschliche Attribute charakteristisch. Die Beziehungen der Götter untereinander sind von einer gewissen Ordnung geprägt und unterliegen dynamischen Verhältnissen.

Pfarrer/Priester

(griech. *presbyteros* – „der Ältere)

Pfarrer ist die Amtsbezeichnung, mit der in allen christlichen Konfessionen die Leiter einer Pfarrgemeinde bezeichnet werden, die in dieser Funktion auch dem Gottesdienst vorstehen, die Bibel als Heilige Schrift auslegen und die Sakramente, wie zum Beispiel Taufe und Abendmahl, spenden.

Im Katholischen ist der Pfarrer immer auch ein Priester, der durch die Weihe mit besonderer sakraler Vollmacht ausgestattet ist. Der Pfarrer bzw. Priester hat im Christentum eine ähnliche Funktion wie der Rabbiner im jüdischen Synagogen-Gottesdienst und der Imam im Islam.

Prophet

(altgriech. *pro-phetes* – „öffentlicher Künder"/„Bote")

Von Gott berufener Übermittler mit dem Auftrag, eine Botschaft mündlich weiterzutragen und zu verkünden. Gott wählt einen Propheten aus, um durch ihn sein Wesen und seinen Willen den Menschen zu offenbaren.

Rabbi/Rabbiner

(hebr. = „mein Lehrer"/„mein Herr"/„mein Meister")

Anrede und Ehrentitel für einen Lehrer oder Schriftgelehrten. Im Neuen Testament wurde ursprünglich auch Jesus von seinen Anhängern als Rabbi bezeichnet.

In der heutigen Zeit existiert neben dem Begriff Rabbi auch die Bezeichnung Rabbiner, welche das Amt des Vorsitzenden einer jüdischen Gemeinde kennzeichnet. Im jüdischen Synagogen-Gottesdienst hat der Rabbiner eine ähnliche Funktion wie der Priester (kath.) bzw. der Pfarrer (evang.) im Christentum sowie der Imam im Islam.

Sabbat/Schabbat

(hebr. = „Ruhe"/„Aufhören")

Feiertag im Judentum, an dem nicht gearbeitet werden darf. Der Sabbat steht als siebter Tag der Woche in Verbindung zum siebten Schöpfungstag und erinnert an die Befreiung des jüdischen Volkes aus der Sklaverei.

Synagoge

(griech. *synago* – „(sich) versammeln", also „Versammlung" oder „Gemeindehaus")

Gottes- und Versammlungshaus der jüdischen Gemeinde, in dem neben dem gemeinsamen Gebet auch das Studium der Heiligen Schrift stattfindet.

Die Zeit der Entstehung der Synagogen ist umstritten. Vieles verweist auf die Zeit des babylonischen Exils, in der die Juden nach der Zerstörung des ersten Tempels 587 v. Chr. die Synagoge als Ort ihrer Versammlungen nutzten. Mit der Zerstörung des Jerusalemer Tempels 70 n. Chr. erfüllt die Synagoge über die Funktion des Versammlungshauses hinaus nun auch die Funktion des Gotteshauses.

Taufe

Neben der Eucharistie eines der wichtigsten christlichen Sakramente. Die Taufe ist eine Symbolhandlung, die nach christlichem Verständnis den öffentlichen Eintritt in die Gemeinde besiegelt. Bei diesem Akt werden die Vergebung der Sünden sowie die Bereitschaft, das Leben nach den Weisungen Gottes zu gestalten, zum Ausdruck gebracht. Dies erfolgt durch das zeichenhafte Übergießen des Täuflings mit Weihwasser und der dabei gesprochenen Taufformel: „Ich taufe dich im Namen des Vaters, des Sohnes und des Heiligen Geistes."

Tora

(hebr. = „Weisung"/„Anweisung"/„Lehre")

Zusammenfassung aller Weisungen Gottes, die im Judentum unabhängig von der zeitlichen Entwicklung als gültig und verbindlich zu betrachten sind. Diese Weisungen betreffen alle Lebensbereiche und bestimmen somit die jüdische Lebensführung.

Im engeren Sinne entspricht die Tora den fünf Büchern Mose der deutschen Bibelübersetzung, dem sogenannten Pentateuch.

Transzendenz

(lat. *transcendentia* – „hinüberschreiten"/„überschreiten"/„übersteigen")

Bereich jenseits der sinnlich-erfahrbaren und natürlich-rationalen Welt. Im Christentum zeigt Gott sich in vielen Bereichen transzendent, da er jenseits aller menschlich-weltlichen Zeit-, Raum-, Anschauungs- und Vernunftgrenzen zu denken ist. Neben dieser Transzendenz Gottes zeigt sich Gott jedoch auch immanent in unserer Welt, was für Christen besonders durch das Wirken Jesu Christi zum Ausdruck gekommen ist.

IV Empfohlene Literatur für das Lernen im Trialog

Neben der in den verschiedenen Beiträgen aufgeführten Literatur zu den Gotteshäusern in den drei abrahamischen Religionen finden Sie im Folgenden die wichtigsten Grundlagen- und Nachschlagewerke zum interreligiösen Lernen, zu den Weltreligionen im Allgemeinen und zu den drei abrahamischen Religionen.

1. Grundwerke zum interreligiösen Lernen

LEIMGRUBER, Stephan: Interreligiöses Lernen, München 2007.
SAJAK, Clauß Peter: Das Fremde als Gabe begreifen. Auf dem Weg zu einer Didaktik der Religionen aus katholischer Perspektive, Berlin ²2010.
SAJAK, Clauß Peter (Hg.): Trialogisch lernen. Bausteine für interkulturelle und interreligiöse Projektarbeit, Seelze 2010.
SAJAK, Clauß Peter (Hg.): Kippa, Kelch, Koran. Interreligiöses Lernen mit Zeugnissen der Weltreligionen, München 2010.
SCHREINER, Peter/SIEG, Ursula/ELSENBAST, Volker (Hg.): Handbuch interreligiöses Lernen, Gütersloh 2005.

2. Einführungen in die Weltreligionen allgemein

BOWKER; John: Religionen der Welt. Die großen Glaubensrichtungen entdecken und verstehen, München 2007.
GOLZIO, Karl-Heinz/SCHWIKART, Georg/LEMMEN, Thomas/SCHWEER, Thomas (Hg.): Basiswissen Weltreligionen, Gütersloh 2002.
KLÖCKER, Michael/TWORUSCHKA, Udo (Hg.): Ethik der Weltreligionen. Ein Handbuch, Darmstadt 2005.
KÜNG, Hans: Spurensuche. Die Weltreligionen auf dem Weg 1 und 2. Die Weltreligionen auf dem Weg – Stammesreligionen, Hinduismus, chinesische Religion, Buddhismus, Judentum, Christentum, Islam, München 2008.
SCHERER, Burkhard/GINZEL, Günther B./FISCHER, Ines/KRAUSE, Halima: Die Weltreligionen. Zentrale Themen im Vergleich, Gütersloh 2003.
TWORUSCHKA, Udo: Heilige Schriften. Eine Einführung, Berlin 2008.

3. Einführungen in die abrahamischen Religionen

Judentum

NACHAMA, Andreas, Basiswissen Judentum, Freiburg 2012.
SPIEGEL, Paul: Was ist koscher? Jüdischer Glaube – jüdisches Leben, Berlin 2004.
STEMBERGER, Günter: Jüdische Religion, München 2009.
TWORUSCHKA, Monika u. Udo: Die Welt der Religionen. Das Judentum, Gütersloh 2008.
VRIES, Simon Ph. de: Jüdische Riten und Symbole, Wiesbaden 2005.

Christentum
BAUMANN, Urs: Christentum. Eine Einführung, Frankfurt a. M. 2012.
BEINERT, Wolfgang: Das Christentum, Freiburg ^{3}2007.
RATZINGER, Joseph: Einführung in das Christentum. Vorlesungen über das Apostolische Glaubensbekenntnis, München ^{6}2005.
TWORUSCHKA, Monika u. Udo: Die Welt der Religionen. Das Christentum, Gütersloh 2007.

Islam
ASLAN, Reza: Kein Gott außer Gott. Der Glaube der Muslime von Muhammad bis zur Gegenwart, München 2006.
BRUNNER, Rainer: Einführung in den Islam, Stuttgart 2012.
HEINE, Peter: Kulturknigge für Nichtmuslime. Ein Ratgeber für den Alltag, Freiburg 2001.
SCHIMMEL, Annemarie: Die Religion des Islam. Eine Einführung, Stuttgart 2010.
TWORUSCHKA, Monika u. Udo: Die Welt der Religionen. Der Islam, Gütersloh 2007.

4. Vergleichende Darstellungen der Religionen

GNILKA, Joachim: Bibel und Koran. Was sie verbindet, was sie trennt, Freiburg 2010.
GNILKA, Joachim: Die Nazarener und der Koran. Eine Spurensuche, Freiburg 2007.
GNILKA, Joachim: Wer waren Jesus und Muhammad? Ihr Leben im Vergleich, Freiburg 2010.
KLAUSNITZER, Wolfgang: Jesus und Muhammad. Ihr Leben, ihre Botschaft. Eine Gegenüberstellung, Freiburg 2001.
RENZ, Andreas: Beten wir alle zum gleichen Gott? Wie Juden, Christen und Muslime glauben, München 2011.
RENZ, Andreas/LEIMGRUBER, Stephan: Christen und Muslime. Was sie verbindet – was sie unterscheidet, München 2004.
TRÖGER, Karl-Wolfgang: Bibel und Koran. Was sie verbindet und unterscheidet. Mit einer Einführung in Mohammeds Wirken und die Entstehung des Islams, Berlin 2004.